AF462232

SUPPLÉMENT
A L'ART
DU SERRURIER,
OU
ESSAI
SUR
LES COMBINAISONS MÉCHANIQUES,

Employées particulierement pour produire l'effet des meilleures Serrures ordinaires.

Par JOSEPH BOTTERMAN, de Tilbourg, au pays d'Osterwick,

AVEC DES FIGURES EN TAILLE-DOUCE:

Ouvrage traduit du Hollandois, & utile à tous les Serruriers intelligens;

PUBLIÉ

Par M. Feutry, &c. de la Société Philosophique de Philadelphie.

Méfiance est mere de sûreté.

A PARIS,

Chez LAMY, Libraire, Quai des Augustins.

1781.

Avec Approbation & Permission.

AVIS

DU LIBRAIRE.

*Cet Essai a paru pouvoir devenir utile; cela ſeul a déterminé à le mettre au jour. Comme on a penſé qu'il pouvoit encore ſervir d'une ſorte de Supplément à l'*Art du Serrurier*, donné par M.* Duhamel Dumonceau*, on a cru devoir le publier dans le même format que l'Ouvrage de ce ſavant Académicien.*

TABLE

Des Numéros de l'Explication des Planches.

Fin de la Table des Numéros.

ESSAI

ESSAI

SUR

LES COMBINAISONS MÉCHANIQUES,

EMPLOYÉES particulierement pour produire l'effet des meilleures Serrures ordinaires.

PAR ces mots, *Combinaisons Méchaniques*, on entend toutes les positions déterminables qu'un certain nombre, de tels corps, peuvent recevoir entr'eux.

Explication du nom de serrures à combinaison.

Ce qu'on doit entendre par serrure *à combinaison*, c'est la propriété que l'on auroit donnée à ces serrures, de pouvoir, entre un certain nombre de signes marqués sur leurs parties extérieures, faire choix de ces signes pour indiquer la position des parties intérieures & cachées de chaque piece, qui se trouve relative à tel signe extérieur; position déterminée, dans ces pieces intérieures, par lesquelles seules les pênes ou verrous auront la liberté de leur jeu pour ouvrir ou pour fermer.

Cette indication des parties extérieures relatives à telles parties intérieures, une fois choisie, devient, dès-lors, un secret pour tout autre que celui qui l'a établi; mais si après avoir confié ce secret, celui qui a formé cette indication ne veut plus que d'autres que lui ayent la possibilité d'ouvrir ou de fermer, il faut qu'il soit le maître d'en arranger une autre, en changeant à son gré la relation des signes extérieurs, avec les points intérieurs qui donnent la liberté des pênes.

Ce que c'est que les cadenats de CARDAN.

Beaucoup de personnes ont connu un cadenat formé de plusieurs roulettes traversées d'un axe (1), garni de dents ou pennetons. Cet axe doit sortir, ou pouvoir sortir, tout entier de toutes les roulettes, pour ouvrir le cadenat; & il ne peut en sortir que lorsque ces roulettes sont toutes tournées dans la position où toutes leurs entailles, se trouvant sur un certain point, laissent la liberté aux pennetons de l'axe de les traverser. L'extérieur de chacune des roulettes de ce cadenat, peut être partagé en plus ou moins de parties égales, & chaque partie marquée d'une lettre ou d'un chiffre, tellement que s'il y a dix roulettes pareilles, chacune marquée des vingt-quatre lettres de l'alphabet, on pourra bien, par leurs diverses positions, former, sur une ligne déterminée, tous les noms & les mots possibles composés de dix lettres; mais il n'y aura jamais qu'une façon, qu'un seul de ces mots, ou de ces nombres, qu'une seule combinaison enfin, par laquelle ces roulettes pourront être mises dans la position où l'axe entrera, & sortira librement; & une fois le nombre, ou le mot connu par quelqu'un, le cadenat n'est plus pour lui un obstacle difficile à surmonter. Il n'y a pas de combinaisons à choisir pour ouvrir ou pour fermer un pareil cadenat. Avec ces dix roulettes, on pourra bien faire, comme je l'ai dit, un nombre immense de combinaisons, mais aucune autre qu'une seule de ces diverses combinaisons ne peut servir pour son ouverture; il sera toujours,

(1) *Voyez les Figures du cadenat à rouleaux, de CARDAN; Planche I.re Fig. I.re & IV.e*

pour tous ceux qui ſauront le nombre ou le mot, un très-foible obſtacle qui ne leur cauſera plus qu'un moment de retard pour l'ouvrir.

Mal à propos le nommeroit-on cadenat à combinaiſons.

Ce cadenat, aſſez commun, & plus en uſage en Allemagne qu'ailleurs, ne s'eſt jamais appellé cadenat *à combinaiſons ;* il s'appelle cadenat *à rouleaux :* il eſt ordinairement un peu plus gros qu'un rouleau de trente louis; il s'emploie le plus ſouvent à fermer les porte-manteaux, &, ſur-tout, les coffres & caiſſons de voitures. Il eſt de l'invention de CARDAN, ainſi qu'un autre qui a été plus particulierement connu en Italie, & employé à garder des tréſors de toute autre qualité que le premier. Ce dernier-ci (1), formé de cercles concentriques, ne laiſſe également la liberté du mouvement à un pêne denté, que dans une ſeule poſition; il s'exécute quelquefois en petit, de la grandeur d'un écu de 6 liv., & même de 3 liv., & de l'épaiſſeur de deux à trois lignes, non compris le rembourrage ou *matelaſſure.* Au milieu de cette épaiſſeur paſſe une lame d'acier, qui porte le pêne; l'un & l'autre de ces cadenats ne ſont point réellement des cadenats à combinaiſons, c'eſt-à-dire, à ſecrets nombreux à choiſir; ce ſont des cadenats à un ſeul ſecret, lequel ne conſiſte que dans une poſition déterminée des cercles, indiquée par certains ſignes qui forment tel nombre ou tel mot. Encore une fois, les deux eſpèces de cadenats de CARDAN, préſentent bien des ſignes qu'il eſt poſſible de combiner différemment; mais, entre ces combinaiſons à faire, ils ne préſentent pas un choix entre celles de ces combinaiſons qu'on voudra, pour établir la liberté du pêne.

Et pourquoi.

Ce qu'on doit entendre par l'épithete à COMBINAISONS, donnée à une ſerrure ou à un cadenat.

Ce qui peut former véritablement une fermeture à combinaiſons, ce ſera donc la poſſibilité de combiner, à ſon gré, tous les ſignes dont ſeront marquées les pieces extérieures, & de choiſir, pour cela, l'ordre dans lequel on voudra placer tel ſigne de chacune de ces pieces, pour avoir telle combinaiſon ou ſecret, par lequel ſeul ſe mouvera alors une fermeture quelconque, ſoit qu'elle ſe préſente ſous la forme de ſerrure, ſoit ſous celle de cadenat. Voilà, je crois, la définition générale des ſerrures à combinaiſons.

Moyen de faire les combinaiſons méchaniques.

En conſidérant le cercle comme une figure d'une infinité de côtés, &, par conſéquent, le corps circulaire, roue ou cylindre, comme le ſeul ſuſceptible de pouvoir prendre une infinité de poſitions, ſans changer de lieu, il ne ſeroit pas étonnant que ceux qui auroient voulu exécuter des combinaiſons méchaniques, par l'emploi de corps de toute autre forme que la circulaire, n'euſſent pu obtenir aiſément un grand nombre de combinaiſons, par l'inconvénient d'avoir à ſe ſervir de pieces qu'il faut tranſporter & enlever d'un lieu pour les placer dans un autre, &, par-là, riſquer, dans l'uſage, de perdre ou d'égarer quelque choſe de ces corps qui, en reſtant attachés à un même lieu, ſeroient toujours reſpectivement dans un même ordre, & ne ſeroient plus ſuſceptibles, ou que d'un nombre de poſitions, égal à celui de leurs faces, moins deux, dans un même lieu, ou que de la diverſité ſeulement dans la poſition d'une de leurs faces dans une certaine étendue déterminée.

Qu'il eſt poſſible d'en établir ſans corps circulaires.

L'art d'exécuter des combinaiſons méchaniques, n'eſt cependant pas borné à l'emploi des ſeuls corps circulaires; on peut avec des corps, qui ne préſenteront que des faces planes & droites, exécuter des ſerrures à combinaiſons avec toutes les qualités qu'on peut exiger dans ces ſortes de méchaniques.

Ce qu'on doit exiger d'une ſerrure à combinaiſons, généralement parlant.

Tout ce qu'on doit attendre des ſerrures à combinaiſons, ſe réduit à deux points. Il faut, pour le premier, qu'elles ayent les qualités propres aux bonnes ſerrures ordinaires, *dites ſerrures de ſûreté ;* &, pour le ſecond, celle encore de ne pas obliger à porter aucune eſpece de clef ou outils pour les ouvrir ou pour les fermer.

A l'égard des qualités que doivent avoir de bonnes ſerrures de ſûreté, il faut faire attention que ce ſont les particuliers demeurans dans des maiſons où il y a beaucoup de locataires, qui ont le plus beſoin de ces ſortes de ſerrures, pour leſquels il les faut du moindre prix poſſible: ces citoyens, ſans avoir beſoin de porter pluſieurs clefs, ou des clefs énormes & peſantes, comme celles des portes cocheres, veulent premierement, par l'achat de ces ſerrures, ſe procurer l'aſſurance qu'avec d'autres clefs ordinaires, ou de fauſſes clefs, on ne puiſſe ouvrir leur porte, & entrer chez eux pendant qu'ils ſont hors de leur appartement;

---

(1) *Voyez la Figure du cadenat* DES JALOUX, n.° 7 & 8, *Planche* I.re

& ils desireroient qu'elles ne puissent pas être crochetables avec ce qu'on appelle les *rossignols*, ou les différens crochets dont les Serruriers ont toujours provision, afin d'ouvrir les portes dont on a égaré, perdu ou laissé la clef dans l'appartement. *Secondement*, beaucoup de ceux qui acquierent des serrures de sûreté, veulent aussi que, lorsqu'ils sont rentrés chez eux avec leur famille ou leurs domestiques, personne ne puisse sortir, sans faire usage de la clef qu'ils gardent dans leur poche, ou sous leur chevet. Il faut donc que, d'abord, les serrures de combinaisons ayent ces deux qualités ; mais toutes les serrures de portes peuvent ordinairement, 1.° s'ouvrir d'une main, 2°. sans y voir clair, 3°. quelque bruit qu'on entende, ou quelque privé de l'ouie qu'on puisse être ; 4°. il faut qu'il n'y ait aucune science, aucun art, aucune adresse à employer, dès qu'on a la clef.

Voilà quatre autres qualités d'une autre espece que les deux premieres. Or, c'est à celles-ci, & aux deux premieres qualités propres aux bonnes serrures, & aux serrures de sûreté, que l'on doit, par le moyen des combinaisons méchaniques, ajouter celles de n'avoir pas besoin de porter une clef pour les ouvrir ou les fermer, & de parvenir à faire que tous ceux à qui l'on n'aura pas confié le secret qu'on aura choisi, ne puissent ni les fermer, ni les ouvrir.

Espece de sûreté que donne les serrures à combinaisons.

Pour avoir, *autant qu'il est possible*, la certitude que l'on ne découvrira pas le secret, il faut donc qu'il y ait, *autant qu'il est possible*, une immense quantité de secrets à choisir, parce qu'alors on pourroit parier un nombre immense, contre une unité, qu'on ne l'ouvrira pas ; car toute serrure de combinaisons aura toujours nécessairement un inconvénient réel, mais peu à craindre. Cet inconvénient ou défaut, c'est celui de ne pouvoir jamais donner *la parfaite certitude* qu'elle ne sera pas ouverte. Il est possible qu'en mettant la main dans un septier de bled, pour y prendre seul, tel grain qu'on auroit marqué & mêlé parmi tous les autres, on vienne à l'y rencontrer dès la premiere fois ; il se peut de même que la premiere combinaison que quelqu'un imaginera d'établir pour ouvrir la porte, soit précisément celle par laquelle un autre aura imaginé de la fermer ; mais y eut-il même probabilité qu'on découvriroit le secret par hazard, il y aura toujours moyen de concevoir *infinité* entre *probabilité* & *parfaite certitude*.

Espece de sûreté des serrures ordinaires, dites de sûreté.

On peut bien regarder, comme ce qu'on appelle *infiniment difficile*, l'art de faire une seconde clef parfaitement juste à une serrure ordinaire, *parfaitement* travaillée ; cependant il est possible qu'un très-habile ouvrier parvienne avec le tems, & à force de tâtonner sans démonter la serrure, mais d'après la vue d'une premiere clef, à en faire une seconde qui ouvrira & fermera aussi-bien la serrure. Cette possibilité, il est vrai, n'est que pour celui qui joindra à l'adresse, à l'intelligence, & à la finesse du tact, la connoissance & l'habileté de l'ouvrier, tandis que, pour une serrure de combinaisons, tout le monde est également susceptible de trouver son secret au premier essai & sans tâtonnement.

Différence des deux sûretés.

Différence entre défauts dans le méchanisme, ou défauts dans l'exécution du méchanisme.

Si le méchanisme employé se trouvoit, par sa nature, susceptible de pouvoir causer, au tact, des sensations suffisantes pour laisser reconnoître quelle est la position à donner à chacune des pieces mobiles cachées, ces serrures seroient absolument mauvaises ; si ce n'étoit que l'imperfection de l'exécution du méchanisme, qui pût (à ceux qui auroient la finesse du tact) laisser la possibilité de sentir la position qu'on devra donner à chaque piece, ces serrures ne seroient défectueuses que par leur exécution, sans l'être par elles-mêmes. Tous & chacun de ces méchanismes, à combinaisons, peut donc par lui-même être bon, excellent & sûr, autant qu'il est possible, quand bien même MM. tels & tels, y compris *M. Manié* (1), par la finesse de leur tact, seroient venus à bout de l'ouvrir, à cause de quelque négligence

(1) M. Manié, jeune Artiste, a exécuté plusieurs instrumens avec la plus grande précision. Il a, entr'autres, imaginé & exécuté une machine, qui, sous le nom de *Métromicromériftès*, peut être connue, & par cette dénomination *galli-grecque*, indiquer qu'elle sert à partager également les plus petites étendues. Il parvient, avec cet Instrument, à former sur la surface d'une ligne quarrée, 400 carreaux dont on apperçoit très-aisément la parfaite égalité, à l'aide d'un bon microscope. C'est le même qui a obtenu un éloge de l'Académie des Sciences, & la moitié du prix qu'elle a promis à celui qui feroit le meilleur quart de cercle Astronomique, de trois pieds de rayon, & qu'elle nommeroit son Faiseur d'Instruments de Mathématique. C'est lui qui, chez M. *de la Blancherie*, a ouvert plusieurs serrures qu'on disoit ne pouvoir être ouvertes qu'avec la clef faite pour elles.

dans l'exécution. Mais parmi ces méchanismes qui, aussi-bien exécutés qu'il est possible, seroient reconnus très-bons, il faut que ceux qui, pour avoir tout leur jeu, n'auroient pas besoin d'une exécution soignée, obtiennent la préférence, parce qu'ils seront plus à portée d'être construits par toutes sortes d'ouvriers, & que c'est la nécessité d'une exécution soignée qui les renchérit le plus, ainsi que toutes les serrures de formes ordinaires, indépendamment de leur grandeur ou petitesse; au surplus, il ne faut jamais considérer, dans ces machines, leur décoration extérieure qui ne peut influer en rien sur leur mérite. On peut encore regarder comme un degré supérieur aux serrures à combinaisons, la facilité de pouvoir en faire exécuter de semblables, sans employer de métaux pour leur méchanisme.

Motif de préférence pour le méchanisme le plus aisé à faire.

Que la décoration ne fait rien pour la préférence à accorder, & ce qui peut la mériter.

Trois especes principales de Méchanisme à combinaisons.

Trois especes distinctes de méchanisme, dont deux viennent de CARDAN.

Les méchanismes de ce genre qui sont formés de corps circulaires, peuvent se réduire à trois especes. La 1.re ceux où l'on ne fera emploi que des cercles, anneaux, zones, ou plateaux circulaires, *concentriques*. La 2.e l'usage à faire des cercles, roues ou rouleaux ou cylindres *sur un même axe*. La 3.e celui des cercles, plateaux circulaires, roues ou rouleaux placés à côté les uns des autres sur des axes différens. Il est cependant moyen d'exécuter de ces méchanismes, ou ces deux ou trois especes se réuniroient, & ce seroit alors, 4.° l'espece *composite* ou *mixte*.

M. Regnier a inventé une espece que j'appelle de la troisieme.

La premiere fois que la Société libre d'Émulation a proposé de donner un prix à la meilleure serrure de combinaisons, pour le mois de Juin 1778, M. l'Abbé *Boissier*, alors Prieur des Célestins de Sens, a trouvé le moyen d'appliquer les combinaisons à celui des deux Cadenats de CARDAN, que j'appelle de la premiere espece, celui à cercles concentriques, & M. *Regnier* (1), Arquebusier de Sémur, en Auxois, a *imaginé* la troisieme espece, les roues ou rouleaux, placés à côté l'un de l'autre, sur des axes différens. L'un & l'autre, depuis ce temps, ont donné quelques degrés de perfection à leur méchanisme. Il paroîtroit que la premiere espece unie à la 2.e & même à la 3.e, eut été tentée par celui des concurrents au dernier prix, qui avoit pour devise *mobilitate viget*. Mais, par le compte qui en a été rendu au Public, il m'a semblé entendre qu'on auroit, apparemment, trouvé son méchanisme si compliqué, qu'on n'avoit pas cru devoir en expliquer la théorie; peut-être encore seroit-il défectueux en lui-même.

Quels sont les méchanismes de cette nature, connus & exécutés jusqu'à présent.

Lors de ce dernier concours, outre sa premiere serrure corrigée & adaptée aux demandes du Programme, il a été présenté, par M. *Regnier*, une espece de cadenat, ou *cache-entrée de clef* avec des combinaisons, & propre à pouvoir être appliqué sur toutes les serrures ordinaires. Son méchanisme est exactement d'après celui des deux cadenats de CARDAN, de l'espece que j'ai placée la seconde, c'est-à-dire, de roues ou rouleaux sur un même axe denté.

Trois des autres serrures, exposées aux yeux du Public à la derniere séance de la Société, au mois ce Juin 1779, ne sont d'aucune des trois especes que j'ai expliquées. Deux de ces pieces établissent leur méchanisme, par l'emploi de petits corps détachés à peu près de la forme d'une fiche à jouer, ayant une tête; ces morceaux de fer étant placés dans une coulisse (en tel ordre qu'on est maître de choisir entre plus ou moins grand nombre dont elles sont susceptibles) donnent ou refusent la liberté du mouvement du pêne. La 3.e de ces serrures, est d'un méchanisme simple, tout-à-fait différent de tous les autres; il peut produire, peut-être la plus grande sûreté possible, puisqu'il peut présenter, en même temps, & celle que nous offrent les serrures ordinaires, & celle qu'on attend des combinaisons méchaniques : *il est de l'invention de M. Manié*; mais tel qu'il est exécuté, il exige, outre des préparations vétilleuses, l'usage d'une clef assez forte, à porter dans sa poche, &, de plus, celui d'une autre petite clef, propre à pouvoir donner, quand on le veut, le mouvement à de petites vis mobiles, servant de penneton à

(1) M. *Regnier*, Armurier, Arquebusier à Sémur en Auxois, habile Méchanicien, a imaginé, entr'autres, une éprouvette, pour comparer la force des différentes poudres à tirer; il a aussi adapté au fusil, pour l'usage des vues basses, une lorgnette qui se présente à l'œil, lorsqu'on met en joue, & qui se retire lorsque le coup est parti. Il y a plusieurs de ses serrures employées à Paris, où l'on peut en acheter, sans qu'on puisse les taxer d'entreprise sur le privilége exclusif accordé à M. *Prince de Beaufont*.

la

la grande clef, lesquelles vis doivent correspondre avec d'autres de même taille, dans la serrure, pour que le pêne puisse être mis en mouvement.

La serrure qui a reçu le prix, ainsi que celle qui lui a servi de commentaire, doivent être regardées de la deuxieme espece, c'est-à-dire, de celle à rouleaux ou plateaux cylindriques sur un même axe.

A l'exception de ces quatre serrures, & de celle de M. l'Abbé *Boissier* (dont M. *Prince de Beaufont* a obtenu un privilége exclusif de pouvoir seul les exécuter & débiter,) toutes les autres où il y a des combinaisons à choisir, & qui, jusqu'à présent, sont venues à ma connoissance, rentrent dans la troisieme espece, inventée & présentée la premiere fois par M. *Regnier*; savoir, des roues, cylindres ou rouleaux sur des axes différens.

Une serrure qui a été vue chez M. *de la Blancherie*, & qui a été présentée à l'Académie des Sciences, machine qu'on ne peut ouvrir qu'avec une clef au bout de laquelle une goupille, représentant une des lettres de l'alphabet, aura été placée avec sa pareille ou correspondante au *foncet* de la serrure, pourroit, à quelques égards, être regardée comme serrure à combinaisons, puisqu'il en résulte effectivement un choix à faire entre 24 différens secrets; mais l'embarras de ces goupilles emmagasinées, dont il ne faut employer qu'une seule, & dont les autres peuvent s'égarer, ainsi que l'incommodité d'être forcé de porter une clef sur soi, doivent faire rejetter l'idée de ce méchanisme.

Que l'on n'a exécuté encore que des serrures de coffres ou d'armoires.

Il est à observer que, dans toutes les serrures à combinaisons exécutées jusqu'à présent, il n'y en a aucune qui soit véritablement autre chose qu'une serrure d'armoire ou de coffre, & qu'il n'y a de véritables serrures à combinaisons, pour des portes de chambres ou d'appartements, que celle que j'avois exécutée pour le concours, & qui a été vue du Public chez M. *de la Blancherie*.

Valeur du mot serrure.

Le mot *serrure*, pris généralement, doit pourtant, je pense, signifier en françois, comme dans toute autre langue, une boîte pour être attachée fermement à la porte qui bouche une baye, de façon qu'au moyen d'un pêne ou verrou que cette boîte renfermera, & que l'on pourra faire mouvoir également par l'un ou l'autre côté de cette porte, elle l'arrête fixement en place. Lorsqu'il ne s'agit seulement que de la fermeture d'une écritoire, d'une armoire ou d'un coffre, on restraint alors le mot générique de *serrures*, en y joignant le mot particulier de l'objet pour lequel on veut l'employer. Toute serrure, bonne pour toute porte de maison, de chambre, ou de cabinet, peut s'employer à une commode, à une armoire ou à un coffre; elle aura, à la vérité, plus que ce qu'il lui faut pour ces emplois, tandis qu'une serrure d'armoire ou de coffre n'aura pas tout ce qu'il lui faut pour servir également à une porte de maison ou d'appartement, & que pour suppléer, en quelque maniere, à ce qu'il lui manque, il faudra faire usage d'un crochet ou verrou séparé de la méchanique de fermeture, lorsqu'on voudra s'enfermer dans le lieu que la porte tient clos.

Les concurrents ont pu entendre qu'on n'exigeoit, pour le prix, qu'une serrure d'armoire.

Par le Programme de la Société libre d'Emulation, par les conditions qu'elle exigeoit & qui devoient être remplies pour obtenir le prix qu'elle avoit proposé une seconde fois, elle ne demandoit pas, *nommément*, une serrure propre à la porte d'une chambre ou d'appartements; mais on devoit néanmoins le présumer par le détail du Programme. Comme dans l'une des deux piéces qui avoient concouru au premier prix, il falloit absolument être en dedans de la chambre, pour préparer la combinaison à établir, & qu'il falloit démonter presque toute la serrure, le Programme insistoit à vouloir que la combinaison pût se changer par le dehors de l'appartement; mais il ne disoit pas *exclusivement*. Au surplus, il faisoit bien entendre que ce fût sans que la porte soit ouverte tout-à-fait, & même entre-bâillée, enfin sans qu'on fût obligé de la remuer & la pousser le moins du monde hors de sa baye. Cette condition demandée étoit préalablement indispensable, &, avant dix autres conditions exprimées dans ce Programme, j'avois exécuté la serrure dont la figure est ci-après représentée aux n.os 9, 10, 11, 12, 13 de la Planche I.re; & pour l'expliquer, j'avois rédigé un Mémoire que j'avois fait traduire à Paris. Mais lorsque le temps fixé pour être admis au concours approchoit, il se trouva que l'on m'avoit enlevé plusieurs piéces de ma méchanique, de façon que celui à qui j'avois donné commission de la remettre, ne put en présenter à la Société, que les dessins avec mon Mémoire, mais sans explication de la figure, ni aucun détail pour les moyens de l'exécuter. Le terme fatal étant expiré avant que j'eusse pu faire fournir la serrure

Récit des premiers travaux de l'Auteur, & Extrait de son Mémoire, envoyé au Concours.

achevée, la Société a fait remettre mon Mémoire à celui qui s'est présenté avec les indications pour le retirer.

Voici la copie de l'espece d'avant-propos de ce Mémoire explicatif, tel que je l'ai fait présenter avant le commencement de l'année 1779.

EXTRAIT DU MÉMOIRE.

« Afin de pouvoir parvenir à remplir les demandes que fait la Société, la pre-» miere chose nécessaire est, sans doute, de chercher à bien comprendre ses de-» mandes; mais au défaut de la certitude de les entendre clairement, & par l'im-» possibilité de la questionner pour obtenir quelques éclaircissements qu'on pourroit » desirer sur ce qui paroîtroit représenter quelqu'obscurité dans son Programme, il » faut expliquer ici nettement comment on a compris ses demandes.

» La Société, en demandant des serrures de combinaisons, exige sept conditions » de rigueur, & marque desirer qu'elles réunissent trois autres conditions pour *le* » *plus haut degré de perfection*.

» Les conditions de rigueur sont, 1.° que des pieces mobiles marquées de chif-» fres ou de lettres, servent à établir tels nombres ou tels mots à volonté.

» 2.° Que les pênes puissent être fixés solidement, lors de la présence du nombre » ou du mot adoptés.

» 3.° Qu'après avoir arrêté les pênes, on puisse, sans les déranger, troubler » l'ordre des chiffres ou lettres, *afin qu'il ne reste aucune trace* du nombre ou du » mot adoptés.

» 4.° Que pour ouvrir, on puisse facilement rappeller les pieces, selon l'ordre des » chiffres ou des lettres établis lors de la fermeture.

» 5.° Que quelque confusion qui ait été produite, soit par des mal-intentionnés, » soit par la recherche du mot ou du nombre qu'on auroit oublié, il soit tou-» jours possible de rétablir l'ordre, lorsqu'on se rappellera la combinaison choisie.

» 6.° Quel que soit le nombre, l'ordre & la forme des parties, il est indispen-» sable que, *sans démonter* la serrure, on puisse lui faire exécuter telles des com-» binaisons qu'il plaira choisir au moment où l'on voudra fermer, ou *ouvrir*, & » sans aucuns préparatifs.

» 7.° Que cette serrure soit *enfermée* de maniere à ne pouvoir être ouverte pour » changer le rapport entre ses parties».

Les conditions, pour *le plus haut degré de perfection*, sont, « 1.° Que l'on sup-» prime les clefs ou tout autre instrument que l'on est assujetti à porter, & que » l'on peut perdre.

» 2.° Que l'on essaye de suppléer à la vûe pour reconnoître la situation des » pieces mobiles.

» 3.° Que l'on cherche s'il peut exister un moyen de suppléer à la mémoire, » en faisant *retrouver* sur la serrure des *indices* qui ne puissent instruire que le » propriétaire.

» Au surplus, la Société annonce la préférence à l'invention la plus simple, la » plus solide & la moins coûteuse.

» Sur ces dix demandes, voici quatre observations pour faire connoître com-» ment on les a entendues.

» 1.° Par la septieme demande, de rigueur : Que la *serrure soit enfermée*, &c. la » Société paroît avoir voulu dire, par ces mots, que, dans le cas où le propriétaire » de la serrure recevroit du monde dans la chambre que ferme sa serrure de com-» binaisons, ou dans quelque cabinet au-delà de cette premiere chambre, il ne » pût pas être libre à quelqu'un d'aller furtivement, ou à son insu, démonter aisé-» ment & promptement sa serrure, &, par là, reconnoître quel est l'arrangement » préparé pour la fermer; inconvénient qui effectivement se trouvoit à la pre-» miere serrure du sieur *Regnier*, mais qu'à la vérité, il ne lui avoit pas été pres-» crit d'éviter. On conjecture, donc, que l'idée de la Société seroit remplie, si la » serrure étoit faite de façon à ce qu'elle ne pût être démontée aisément, & sans » qu'on s'en apperçoive; &, de plus, que les pieces mobiles ne pussent être exa-» minées, & leur position reconnue, à moins que, préalablement, on n'eût établi la » combinaison que le propriétaire auroit choisie, & que, par conséquent, c'est » là ce qu'elle entend que doivent signifier ces mots: *que la serrure soit enfermée*, &c.

» 2.° Par la sixieme demande de rigueur, on exige, *qu'on puisse faire exécuter » indifféremment telles de ces combinaisons qu'il plaira choisir au moment où l'on » voudra fermer.... & sans aucuns préparatifs.* Rien n'est plus clair que cette énon- » ciation, en n'employant que les mots ci-rapportés. Mais ne seroit-ce pas une » faute, une superfluité, ou, comme on dit en histoire naturelle, *une monstruo- » sité par excès*, que d'avoir mis après le mot *fermer* ceux ou *ouvrir?* Car il est » absolument de l'essence d'une serrure de combinaisons de ne pouvoir s'ouvrir que » par la combinaison avec laquelle elle aura été fermée ; ainsi, quoiqu'on pût lui » *faire exécuter indifféremment telles des combinaisons qu'il plaira choisir*, au moment » où l'on voudra la fermer, il est parfaitement impossible qu'on puisse être le maître de » faire exécuter indifféremment telles des combinaisons qu'il plaira choisir au moment » où l'on voudra l'ouvrir ; puisqu'enfin il faut bien, déterminément, revenir à une » combinaison par laquelle on l'aura fermée; d'où l'on conjecture que l'idée de la » Société sera bien remplie, en supposant, dans la sixieme demande de son Pro- » gramme, que ces mots, *ou ouvrir*, sont entiérement à soustraire, comme ayant été » mal à propos insérés ou intercallés par un Imprimeur ignorant qui a voulu y » mettre du sien.

» 3.° Pour ce qui est, à la premiere demande, de rigueur, *que des pieces mobiles » marquées de lettres ou de chiffres servent à établir les combinaisons*, &c. On doit » présumer que la rigueur ne va pas cependant à exiger absolument qu'il y ait » réellement & exclusivement des lettres ou des chiffres gravés & figurés sur ces » pieces, pourvu qu'il y ait des marques suffisantes, qu'on puisse distinguer & re- » connoître pour équivaloir telles lettres, tels chiffres, telles couleurs, telles nuan- » ces, tel aire de vent, telles notes de musique, &c. &c.

» 4.° Pour la troisieme demande, de rigueur, il est exigé, *qu'il ne reste aucune trace* » ou indice *des nombres ou des mots qui auront servi à fermer*; & dans la troisieme » demande (sans rigueur), *mais pour le plus haut degré de perfection*, il est dit, *de » tâcher de faire retrouver sur la serrure des indices* (ou traces) *pour instruire* le » propriétaire qui auroit oublié sa combinaison. Il est très-difficile d'accorder ces » deux demandes très-formelles. L'une, *qu'il ne reste point de traces ou indices*; l'au- » tre, qu'il reste cependant des *indices ou traces*; on ajoute, *si il peut exister un » moyen de laisser ces traces ou indices;* or il en existe plusieurs. Au défaut donc » de pouvoir faire accorder ces deux demandes, qui paroîtront même très-aisé- » ment contradictoires, il n'est pas douteux, ce me semble, qu'il faut, pour remplir » l'objet de la Société, ne s'occuper que de sa demande *de rigueur*.

» Il est certain qu'on pourroit trouver des moyens de représenter au propriétaire » quelle a été la combinaison qu'il aura choisie pour fermer ; mais ce moyen » sera ou un secret, lequel, étant connu d'un autre, lui feroit connoître égale- » ment quelle combinaison le propriétaire auroit employée pour fermer, & dès-lors » la serrure à combinaisons, reviendra dans la classe des serrures à un seul secret; » ou, si les différents moyens étoient eux-mêmes combinés, pour être (à la vo- » lonté & à l'option du propriétaire) différents résultats ou indicateurs à choisir » pour reconnoître telle ou telle combinaison employée pour la fermeture du ver- » rou ou pêne, il y auroit un double objet de souvenir, & l'inconvénient du » manque de mémoire de la part du propriétaire, deviendroit donc double pour » lui, ou bien donc il faudroit encore alors une autre indicateur, un autre secret » pour indiquer quel premier indicateur feroit connoître la combinaison, & tou- » jours ainsi de l'un à l'autre : il est certain qu'en établissant sur la serrure une » indication claire, certaine & déterminée de la combinaison choisie, ce seroit la » même chose, que si, dans la crainte d'oublier sa combinaison, on l'avoit mise » par écrit, & qu'on l'affichât sur sa porte pour la commodité du Public, au lieu de » la garder seulement dans sa poche, pour subvenir au défaut de sa mémoire.

» Avec une serrure à combinaisons, il faut indispensablement reconnoître que, » lorsque l'on aura oublié sa combinaison, on sera exactement dans le même cas » que si l'on avoit perdu la clef d'une très-bonne serrure à secret, & dite de » sûreté; qu'il faut alors absolument casser la porte ou la serrure, ou rentrer par la » fenêtre, descendre par la cheminée, percer le mur ou le plancher. Mais sup- » posé que l'on eût pu rentrer par la fenêtre, que l'on n'eût eu même à casser qu'une » vitre, l'inconvénient du manque de mémoire seroit irréparable avec une serrure » à combinaisons, tellement attachée qu'elle ne pourroit être levée par le dedans

„ de la chambre, & que la porte ne pût être ouverte par ce côté, qu'après qu'on „ auroit retrouvé dans sa mémoire la combinaison qui la ferme ; tandis qu'avec les „ serrures ordinaires & à secrets, attachées par le dedans de la chambre, par des „ vis & écroux, dont rien ne paroît au dehors de la porte, ou avec des ser- „ rures à combinaisons qui pourroient s'attacher de même ou à peu-près, une fois „ le propriétaire rentré dans sa chambre, n'importe par où, il auroit la ressource „ de conserver sa porte & de ne pas briser sa serrure. A l'égard d'une ar- „ moire, coffre-fort, ou secrétaire fermé avec une serrure à combinaisons, ou „ secret, oublier sa combinaison c'est exactement la même chose que perdre sa „ clef. Mais personne ne peut trouver la combinaison sur son chemin, tandis „ qu'il n'en est pas ainsi de la clef égarée. Au reste, toutes les serrures à combi- „ naisons ont au moins cet avantage, qu'on peut envoyer l'équivalent de la *clef* „ dans une lettre d'avis, par la poste, & si loin qu'on veut, sans en augmenter „ le poids, & qu'alors cette *clef* ne peut s'égarer qu'avec la lettre. On peut „ encore, sans se surcharger d'aucun fardeau dans ses poches, la consigner dans „ son porte-feuille, ou par la date d'une lettre, & dans un livre, par le numéro „ des pages, par les lettres initiales ou finales, par l'anagramme, par &c. &c. &c. „ Mais il faut cependant toujours un peu de mémoire, & ceux qui seroient fort „ sujets à la perdre, ou qui ne rentrent souvent chez eux qu'en n'y voyant pas „ assez clair, même en plein jour, pour trouver aisément le trou de la serrure, „ courroient grand risque de coucher souvent dehors, avant que leur combinai- „ son choisie vînt se présenter à eux.

„ C'est d'après la façon dont on a entendu le Programme de la Société, & „ l'exposition qu'on vient d'en faire, que l'on s'est occupé de celle proposée au „ concours, sous la devise : *EXPERTO CREDE*, &c „.

La Gazette d'Agriculture a rendu compte de quelques propriétés de ce méchanisme : voyez ci-après, l'explication du méchanisme, Planche I.re Fig. 9, 10, 11, 12, 13.

On voit que cette fermeture à combinaisons est de l'espece que j'ai appellée la seconde, c'est-à-dire, de l'espece du cadenat à rouleau de *CARDAN*. Les pieces circulaires ou rouleaux ne changent pas de lieu, & c'est par l'une des positions (déterminée à volonté) entre celles dont chacune sont susceptibles, que l'axe qui les enfile, ayant la liberté de se mouvoir, la porte peut s'ouvrir ou se fermer ; mais il ne faut pas, si l'on veut (comme au rouleau de *CARDAN*, & cela n'est pas indispensable, comme au cadenat cache-entrée de M. *Regnier*), il ne faut pas, dis-je, faire sortir l'axe commun hors des rouleaux ; il suffit seulement qu'il ait la liberté de se mouvoir de l'étendue d'environ la moitié de l'épaisseur des pieces mobiles, & ici de deux lignes & demie, pour que le pêne puisse avoir un mouvement de quinze lignes.

J'ai dit que les rouleaux ne changeoient pas de lieu, qu'il n'y avoit que l'axe qui étoit mobile, mais on peut également faire cette fermeture (de porte) de maniere que l'axe soit stable, & que ce soit le reste de la méchanique qui puisse avoir un mouvement. Aussi à la serrure ci-dessus décrite, en étoit-il jointe une autre d'un même méchanisme, lors de sa présentation chez M. *de la Blancherie*, & à l'Académie des Sciences ; mais ici le méchanisme est posé verticalement, de façon que lorsque la combinaison est établie, on peut seulement alors baisser le méchanisme de trois lignes le long de son axe, lequel reste immobile, & alors ce baissement du méchanisme fait sortir un tétiau (qui se trouvoit être entré de la profondeur de ces trois lignes dans un pivot) hors dudit pivot, lequel pivot ayant alors la liberté de se mouvoir, donne (par une crémaillere) le mouvement à un verrou si gros qu'on voudra ; ou bien, ce pivot libéré est lui-même l'axe d'une bascule ou fléau qu'on auroit établi pour arrêter les battans de la plus grande porte cochere.

PLANCHE I. Voyez Fig. 10 bis.

J'ai exécuté un autre méchanisme de la même espece, & qui, (postérieurement au premier) a été aussi offert au Public chez M. *de la Blancherie*, & ensuite présentée à l'Académie des Sciences avec le premier. Ici, c'est une balle à fusil (elle est de fer), laquelle chassée par une détente à ressort, va traverser les rouleaux lorsqu'ils sont arrangés dans la position où les portions d'un canon de fusil ou de pistolet (qui sont dans chacun de ces rouleaux) se trouvent tous sur une ligne droite que la balle doit parcourir ; cette balle, au bout de sa course, frappe une détente qui fait sortir un petit tétiau de l'entaille pratiquée à un verrou-targette, qu'on a, alors, la liberté de faire mouvoir pour ouvrir ou fermer. Un petit ressort fait

Voyez Fig. 2. & Fig. 14, 15 & 16.

fait que ce verrou-targette n'arrive dans ses supports, jusqu'aux entrailles qui sont pratiquées pour le petit trou, que lorsqu'il est poussé avec un peu de force, laquelle l'arrête fixement, ouvert ou fermé. Quand on n'employe aucune force, le verrou-targette ne va pas, jusqu'à ce que les entailles reçoivent le petit tétiau, & tout le monde peut le faire agir; mais si l'on a poussé un peu fort ce verrou, il faut absolument *tirer un coup* & chasser de nouveau la balle de pistolet, pour rendre la liberté au verrou-targette.

Les Figures 14, 15 & 16, sont la représentation de ce méchanisme. Ici les rouleaux ne changent point de lieu, & l'axe n'a point de mouvement; mais c'est la position déterminée de la partie intérieure des rouleaux, qui donne, au travers de ces rouleaux, la possibilité de la seule communication possible de mouvement d'une extrémité à l'autre, de l'espace qu'ils occupent. PLANCHE I.re *Fig.* 14, 15 & 16.

Dans cette méchanique, on pourra facilement appercevoir par l'explication, que tout ce qui fait le jeu de la balle, est superflu au méchanisme nécessaire pour la fermeture de porte, & qu'il n'est employé que pour avoir le prétexte de pouvoir dire, que *c'est une serrure de combinaisons, qui s'ouvre à coup de pistolet.*

Il a fallu que les portions du calibre, qui forment le canon du pistolet, se trouvassent placées ou perpendiculairement, ou dans une position assez oblique sur l'horison, pour que la balle pût toujours revenir à sa place, & le pistolet être toujours chargé (1); mais ce même méchanisme peut, sans ce prétendu pistolet, être employé pour l'usage ordinaire, & s'exécuter aisément, à peu de frais, & de la grandeur qu'on voudra.

Les Figures 17, 18, 19 & 20, présentent ce même méchanisme, sous la forme de cadenat; il est exécuté avec soin, couvert d'or, & de la dimension représentée; ce sont de petits parallelipipedes, qui se trouvent placés dans les parties intérieures de chacun des rouleaux: quand on a établi leur position, suivant les signes qu'on a choisis aux parties extérieures des rouleaux, on peut, seulement alors, en poussant le petit tétiau extérieur, le faire mouvoir, & communiquer son mouvement d'une extrémité à l'autre, de l'espace occupé par les rouleaux, pour presser la détente qui fait ouvrir la branche ou chape du cadenat. IBID. *Fig.* 17, 18, 19 & 20.

Ce n'est pas seulement en serrure, ou cadenat, que ce méchanisme peut s'employer; il peut tenir lieu de la meilleure façon de cacheter; on peut fermer une lettre dans un étui de la dimension des étuis à cure-dents, comme il est représenté Figure 21 & suivantes. Il est encore exécuté pour former des écritoires & porte-feuilles, de l'espece de ces gros rouleaux à mettre dans un porte-manteau, & les détails de ces machines peuvent aisément s'entendre par l'inspection des Figures, & leur explication. PLANCHE I.re; *Fig.* 21 & *suiv.* PLANCHE II. *Fig.* 1.re & *suiv.*

Un inconvénient de cette espece de méchanisme, pour pouvoir ouvrir & fermer également la porte par le dehors & par le dedans de la chambre, c'est d'affamer le bois; c'est de l'entamer, de le gâter; c'est d'empêcher de pouvoir sans peine, & sans frais, y substituer une serrure commune, ce qui devient cependant nécessaire à ceux qui ne seroient que locataires de maisons ou d'appartements, où ils auroient établi de ces serrures à combinaisons. *Défaut des méchanismes, pour lesquels il faut trop entamer le bois.*

On peut, néanmoins, employer cette seconde espece de méchanisme avec quelques changements & augmentations, afin de n'entamer le bois qu'autant ou un peu plus qu'avec les serrures ordinaires.

Les Figures 9.me & suivantes, représentent une serrure exécutée pour une porte de chambre à deux battans; tout son méchanisme de combinaison est contenu dans une petite boîte de trois pouces de longueur, de 20 à 21 lignes d'épaisseur, & d'un peu plus de hauteur qui va en diminuant par le bout qui traverse le bois de la porte, & qui ne présente à l'extérieur qu'un pouce quarré en surface. La Figure 14, fait voir que dans la boîte de cette serrure, ce sont les pênes dormants & le demi-tour commun aux serrures d'usage, qui occupent le plus de place. La boîte qui sert de gâche renferme les verrous à bascule qui arrêtent en place, du haut & du bas, le côté dormant de la porte, & l'on apperçoit comment l'on ne peut fermer les pênes dormants de la serrure, que lorsqu'on a bien assuré

(1) *On pense bien qu'il est inutile d'observer ici qu'il n'entre pas un seul grain de poudre dans cette façon de charger, &c.*

le montant dormant, en poussant en place la bascule de ses verrous hauts & bas. Au surplus, son méchanisme est sensible & apparent par l'explication de la Planche.

PLANCHE II. *Fig. 16.*

On peut encore employer cette même deuxieme espece de méchanisme pour une petite serrure de cabinet. La Figure 16, représente celle qui a été exécutée pour remplir un problême donné. La boîte extérieure, ou palâtre, & les côtés sont en glace, afin qu'on puisse y voir, au travers, tout le méchanisme & son jeu : on remarque, de plus, que le bois de la porte n'est pas plus entamé que pour une serrure ordinaire, & peut-être l'est-il moins; mais dans cette méchanique, le mouvement est donné aux diverses pieces par leur circonférence extérieure, au moyen d'un même pignon qui va successivement engréner (par leur circonférence extérieure), de l'une à l'autre, les pieces mobiles circulaires; on auroit pu leur donner le mouvement par leur centre; mais il auroit fallu employer le frottement simple, & en donnant le mouvement de ces pieces en dedans par autant de pignons différens que de pieces mobiles, on n'auroit pas rempli le problême.

La troisieme espece de méchanisme, celui inventé par M. *Regnier*, peut aussi s'exécuter fort aisément, pour serrure d'appartement, dans la forme ordinaire.

PLANCHE III, *Fig. 1.re & suiv.*

Les Figures 1.re & suiv. Planche III, représentent une serrure exécutée pour être attachée à une forte porte cochere; l'explication en fera connoître le méchanisme en détail. On verra que le bois de la porte n'est percé que de cinq trous circulaires, de trois à quatre lignes de diametre, & que le nombre des combinaisons peut aller à la quatrieme puissance du nombre 64, ou seize millions sept cents & tant de mille secrets à choisir. Une piece de plus le porteroit à un milliard soixante & onze millions sept cents & tant de mille. Cette serrure n'indique ni lettres ni chiffres, mais tous les aires de vents sont représentés à l'extérieur du palâtre, par quatre boussoles; ce seroit une serrure convenable au dépôt des Cartes de la Marine.

PLANCHE *Id.* *Fig. 9, 10, jusqu'à 19.*

Cette même espece de méchanisme peut s'exécuter beaucoup plus en petit, & servir à un porte-feuille de poche ou à des tablettes, & cela avec beaucoup plus de facilité que pour l'usage auquel il se trouve employé; c'en est un qui auroit dû être imaginé par M. *Regnier*, Armurier-Arquebusier, puisque c'est pour s'assurer que la batterie d'un fusil ne puisse partir sans avoir établi la combinaison, tellement qu'il ne peut y avoir aucune espece de danger à porter un semblable fusil en voiture, qu'on peut le laisser traîner dans une chambre, ou le donner à porter à quelqu'un, le confier à un enfant même, & être bien assuré qu'il ne tirera pas, que la batterie ne peut pas avoir de jeu, & qu'enfin il faudroit absolument employer une mêche pour mettre le feu à l'amorce, & faire partir le coup, dès-lors que l'on n'aura pas trouvé la combinaison établie; mais une fois cette combinaison établie, on se sert du fusil, comme s'il n'avoit pas cette méchanique, qui ne gêne en rien dans l'usage. Voyez Fig. 18, Planche III, &c.

Ce qui a été cause qu'on n'avoit fait que des serrures d'armoires.

Ce qui fait que M. *Regnier*, ainsi que l'Auteur d'une des serrures présentées au dernier concours (1), & d'autres, n'ont construit, par cette troisieme espece de méchanisme, que des serrures de coffres & d'armoires, c'est qu'il se trouve que le *point d'obstacle* qui donne ou ôte la liberté du mouvement à leurs pênes, est établi par eux dans le centre des pieces mobiles à l'intérieur, centre sur lequel ce *point d'obstacle* doit décrire tout ou partie de leur diametre; ou c'est encore parce que leur *point d'obstacle* est porté par une plaque qui glisse sur le centre des pieces, au lieu que les miens se trouvent placés sur l'épaisseur de la circonférence de ces pieces, & qu'ils laissent la liberté à leur axe d'être saillant des deux côtés, de façon que mes pieces mobiles peuvent alors être mises en mouvement également par le dehors ou le dedans du lieu où la serrure est employée, ce qui ne peut être quand l'axe est nécessairement terminé au pêne, comme il faut que soit le leur. Aussi je ne me donne pas pour ce qui s'appelle l'inventeur de cette troisieme espece de méchanisme; mais ma composition remplit au-delà de ce qu'on avoit trouvé, & même de ce qu'on avoit clairement demandé.

Sur la piece qui a eu le Prix en 1779.

L'Auteur de la serrure qui a eu le Prix au dernier concours, avoit bien trouvé à placer l'*obstacle* sur l'épaisseur de la circonférence, ou du moins au travers du plateau ou de la zone fort mince qui forme la circonférence extérieure de ses pieces mobiles, &, par-là, il étoit plus près que les autres de faire une véritable serrure de porte d'appartement; mais il n'a fait réellement que des serrures de coffre ou

(1) *M. Goni, Serrurier à Verdun.*

d'armoire, & la premiere, sur-tout, ayant trop peu de jeu à son pêne, parce que la construction de son méchanisme exigeoit que le mouvement de ce pêne ne pût être qu'égal à la largeur qu'avoit la zone dans laquelle il entroit, au lieu qu'il eut fallu n'employer cette zone, (comme je l'ai pratiqué aux miennes), qu'à faire l'*obstacle* au mouvement d'un ressort, lequel, lorsqu'il peut une fois faire entrer son tétiau de deux lignes, ou d'une ligne seulement, dans cette zone, donne alors, à un pêne ou bascule, la liberté d'un mouvement si étendu qu'on veut: & pour telle armoire, tiroir, coffre ou secrétaire; c'est un grand défaut à une serrure de n'avoir pas un pêne qui puisse avoir un pouce au moins de saillie.

Premier inconvénient de sa construction.

Sa construction avoit encore (ce qui a été regardé comme grand inconvénient) celui d'obliger à tenir la baye de la porte ouverte, afin de pouvoir appliquer, d'une main, le bout du doigt sur l'extrémité du pêne, pour le tenir enfoncé, & faire qu'il ait son talon entré dans la zone, pendant le tems que de l'autre main, on travailloit à établir une autre combinaison, & cela, contre *la demande formelle & de rigueur de la Société*, qui vouloit que la combinaison fut changée par le dehors, autrement dit, sans mouvoir la porte sur ses gonds. Ce dernier inconvénient venoit de ce que c'étoit le même axe qui s'employoit, & à placer successivement les pieces mobiles, & à faire aussi mouvoir le pêne. Cet inconvénient-ci, dans la piece présentée pour interprétation de la premiere, se trouve, il est vrai, suffisamment corrigé; mais celui de ne donner que trop peu de saillie à son pêne, qui se trouve à celle-ci ne plus causer un inconvénient, n'est cependant pas corrigé en lui-même, & c'est seulement au moyen d'un autre pêne mû par une clef ordinaire, que ce pêne de la méchanique parvient à établir fixement une fermeture suffisante, en arrêtant le pêne mû par la clef, dans la position que celle-ci lui donne par son second ou son double tour.

Deuxieme inconvénient.

Si l'on vouloit conserver le service d'une serrure ordinaire, tel qu'il est, & l'usage d'une clef, même sans rien changer à la boîte ordinaire de serrure, il suffiroit de faire parvenir un tétiau dans une mortaise qu'on feroit au pêne de cette serrure; on feroit parvenir ce tétiau, au moyen d'une méchanique de combinaison établie dans une boîte entierement séparée de celle de la serrure ordinaire: le tétiau parviendroit au pêne, comme parvient, *à ma serrure à coup de pistolet*, celui qui entre dans le verrou-targette, ou, comme à la contre-platine de fusil, celui qui traverse la platine & va arrêter le chien. Il y a encore une autre façon, au moyen de combinaisons méchaniques, par laquelle on peut empêcher, aux serrures ordinaires, de faire usage de leur clef; c'est d'établir la méchanique de maniere qu'elle bouche entierement l'entrée de la serrure; on parviendra bien, par ces deux moyens, à s'assurer qu'une serrure ne pourra pas s'ouvrir sans l'emploi d'une combinaison méchanique quelconque, qui en donnera la liberté; mais on n'aura pas fait réellement une boîte de serrure à poser sur une porte, au lieu d'une autre ordinaire de sûreté, & qui ait toutes les qualités de cette autre boîte, sans cependant avoir besoin de clef: que si l'on réunit dans la même boîte, & la serrure ordinaire avec une clef, & la méchanique à combinaison, qui fixe, quand on veut, la position du pêne de l'autre serrure, on aura fait alors, & très-inutilement, du superflu, ainsi qu'à la piece d'interprétation, de celle qui a obtenu le Prix, laquelle piece interprétative pourroit très-bien remplir son objet sans tout ce qui se meut par sa clef; car le bouton sortant & rentrant dans les deux zones à rebord, pourroit bien être l'extrémité de la branche très-courte d'une bascule, de laquelle l'autre branche, d'une longueur double ou triple, feroit saillir un pêne de 12 ou 15 lignes, & si gros qu'on voudroit: mais ce qu'il est possible de faire de ce méchanisme, n'a pas été fait ni présenté, & il faut croire que ce n'est pas ce qu'on pouvoit en faire, qui a été couronné. Au surplus, cette méchanique, pour interprétation de l'autre, telle qu'elle a été offerte en public, quoique du même genre de méchanisme que la premiere, se trouve être d'une composition toute différente; c'est d'un bouton retenu entre les rebords de deux zones, rebords entaillés, que, dans cette seconde, dépend la facilité ou l'*obstacle* au mouvement; ce qui conserve, comme je l'ai dit, tout le premier inconvénient; savoir, celui de ne pouvoir donner au pêne de la méchanique qu'un jeu arrêté, égal à la grosseur ou étendue de ce bouton.

Différence de la piece admise au Concours, d'avec celle présentée après, pour interprétation.

Dans la serrure publiquement couronnée, ainsi que dans celle de M. *Regnier*, le changement de position des parties dans les pieces mobiles, s'y fait par un *frottement simple* de la circonférence extérieure de l'une de ces parties, contre celle

Moyens de changer les parties des pieces mobiles.

intérieure de l'autre, ou d'une des surfaces d'une partie contre la surface d'une autre, tellement que, pendant que la partie dans laquelle est l'entaille, se trouve fixée en place, (par l'entrée dans cette entaille, soit du pêne, soit du tétiau ou bouton, même quand il tiendroit à un ressort), pendant qu'une partie est fixée, dis-je, l'autre partie change sa position relative, & en prend une nouvelle dont l'indication paroît à l'extérieur, c'est-à-dire, qu'on établit un autre signe d'indication, une autre combinaison, par le *frottement simple* d'une des parties qu'on fait mouvoir contre l'autre qui se trouve arrêtée.

Par un frottement simple.

Dans mes serrures, dont j'ai donné ci-dessus l'explication, pour toutes, excepté pour celle marquée par les Figures 1.re & suiv. Planche III, j'ai employé la deuxieme & troisieme espece de méchanisme; mais je n'ai pas fait usage du *frottement simple*, & j'ai préféré d'employer un frottement composé & par ressauts, occasionnés par des crans pressés continuellement par quatre petits ressorts, de façon que le changement de position des parties de chaque piece mobile entre elles, est toujours de toute l'étendue d'un de ces crans, étendue relative à celle donnée aux signes indicatifs extérieurs.

Par un frottement à ressauts.

Défaut du frottement simple.

Dans le *frottement simple*, il est possible, à la vérité, d'établir une *infinité* de position entre les deux parties de chaque piece, & cette facilité présente certainement l'idée d'une perfection, en tant qu'elle multiplie *infiniment* les points de combinaisons à choisir; mais cette facilité peut trop aisément devenir un inconvénient, parce que rien n'est si aisé que d'oublier dans quelle proportion l'on aura établi la position pour chacun de ces signes dans leur étendue; & rien n'est si difficile que d'indiquer bien exactement la position choisie, à quelqu'un à qui l'on veut confier le moyen d'ouvrir; position exacte qu'il faut pourtant retrouver avec bien de la précision, si l'on a voulu jouir de la multiplicité des rapports des différens points sensibles du cercle; au lieu que, lorsque le changement des parties, dans la même piece, se fait par autant de ressauts qu'il y a de signes indicatifs extérieurs, il n'y a plus de tâtonnement ni d'indécision, une fois qu'on a trouvé à placer le signe extérieur sur un point toujours déterminé clairement & facilement.

Défaut commun aux deux especes de frottement.

Par ces deux façons de varier les combinaisons, il se trouve un même inconvénient commun, & qui résulte très-aisément du plus petit défaut de la construction; l'inconvénient peut être causé par quelque inégalité, quelque bosse, ou quelque entaille à la circonférence de la piece, par quelque corps étranger, par quelque ordure même, peut-être aussi par la rouille, ou du verd-de-gris, par quelque enfoncement, enfin, qui à la longue se sera fait sur cette circonférence, enfoncement provenant de l'effet des chocs, souvent répétés du pêne, par des tentatives pour ouvrir sur tel point, tellement qu'il peut se faire qu'en voulant tourner toute la piece, pour chercher la combinaison, l'une de ses parties se trouve être frottée & arrêtée par le pêne, par l'un de ses tétiaux, ou autrement, contre l'un des côtés de l'entaille où il doit entrer, ou contre quelque enfoncement qui se sera formé, de façon qu'alors on viendroit à changer la position respective des deux parties d'une piece mobile sans le vouloir, sans même s'appercevoir le moins du monde que l'on change cette position respective, dès-lors que le frottement sera simple de deux cercles l'un dans l'autre; au lieu que ce changement des parties respectives d'une même piece, peut être sensible & se compter lorsqu'il se fera (même par hazard), en faisant des ressauts sensibles d'un ressort sur des crans.

Dans l'usage commun, il faut employer le désengrenement.

Pour la plus grande certitude, il ne faut donc employer, dans l'usage commun, ni l'un ni l'autre de ces méchanismes; il faut en revenir à celui employé dans ma premiere serrure & dans celle décrite par la Figure 1.re, Planche III. Il faut que le changement des parties respectives d'une même piece mobile, ne puisse s'effectuer que par un véritable désengrénement total de l'une avec l'autre, & que ce désengrénement ne puisse s'effectuer que dans le cas où, la combinaison ayant été établie, l'on aura, 1.° fait mouvoir le verrou, ou, 2.° pu le faire mouvoir, ou encore, 3.° qu'on le tiendra dans le milieu de sa course. Le dernier de ces cas est le plus simple & le plus facile à exécuter. Le premier est celui que j'ai employé à la premiere serrure, n.° 9. Le deuxieme, celui de la possibilité seulement de pouvoir faire mouvoir le verrou, n'est point exécuté encore, & le méchanisme de ma serrure, Fig. 9, &c. Planche I.re, est, plus qu'une autre, susceptible de le recevoir. Ce premier, tel que je l'ai employé, exige un méchanisme de plus que le troisieme; il faut que le pêne, en se mouvant pour saillir ou pour rentrer, fasse mouvoir & soulever

soulever ce qui fait *l'obstacle* à la sortie & au désengrénement des parties des pieces, & que cet *obstacle* reste suspendu.

Il faut avoir soin, au surplus, qu'on ne puisse jamais venir à bout d'effectuer cette liberté, autrement que par le mouvement du pêne, ou par la liberté, préalablement établie, de pouvoir le lui donner; tandis qu'il faut qu'on puisse faire cesser cette liberté, & former de nouveau *l'obstacle* par le moindre attouchement à quelques-uns des points extérieurs.

Je n'ai point trouvé de moyens proposables à employer pour pouvoir faire une serrure à combinaisons ayant les qualités d'une bonne serrurre de sûreté pour un appartement, avec le seul emploi du méchanisme que j'ai appellé de la premiere espece, celui à cercles concentriques, exécuté la premiere fois par M. l'Abbé *Boissier*, & dont M. *Prince de Beaufont* a le débit *par privilége exclusif* (1).

Je crois que ce méchanisme doit, jusqu'à nouvelle découverte, être réduit à n'être employé que pour les endroits où l'on ne peut pas avoir besoin ou possibilité de s'enfermer; mais son usage a encore assez d'étendue, & il remplira d'ailleurs très-bien son objet, sur-tout pour les porte-feuilles, tablettes, écrins, écritoires, &c.

Que la premiere espece de méchanisme ne doit s'employer que pour des objets de valeur.

Ce n'est pas seulement parce que ce méchanisme de M. l'Abbé *Boissier*, tel qu'il l'a exécuté, ne peut s'employer pour remplir tout l'objet d'une serrure de sûreté, que je bornerois son usage à la fermeture de jolis porte-feuilles & écritoires, ou autre chose dans ce goût; mais c'est parce que la construction de son méchanisme demande nécessairement trop de délicatesse pour être jamais à bon compte, & qu'il est nécessaire, de plus, qu'il soit d'un travail fini dans son intérieur, afin de n'être pas assez facile à tâter, c'est-à-dire, à en découvrir la combinaison avec un peu de finesse dans le tact; inconvénient qu'il peut avoir plus aisément qu'un autre, par la petitesse & par la presque égalité de proportions indispensables qu'exigent toutes ses pieces nécessairement foibles en elles-mêmes.

Quand je parle de cercles concentriques qu'on peut aisément employer en serrure, j'entends des cercles portés par des cylindres concentriques, qui traversent le bois de la porte, pour transmettre le mouvement à la boîte de serrure qui sera au-dedans du lieu qu'on veut fermer; ce qui forme la quatrieme espece, celle *composite*. On verra même que pour faire, par ce moyen, une serrure qui ait toutes les qualités que j'ai spécifiées, & qui sont nécessaires aux serrures de combinaisons, il faut nécessairement un méchanisme double, un ouvrage superflu, & que l'emploi des cercles concentriques (même portés par leurs cylindres) doit être restraint, comme je vais le dire. Au surplus, voyez l'Explication de la Fig. 1.re & suiv. Planche IV, où je réunis deux méchanismes qui forment une bonne serrure, & qui peut même obtenir la préférence, pour être employée par ceux qui pourront y mettre le prix.

Différens usages dont peuvent être les serrures d'armoires.

De même que dans les serrures ordinaires, celles pour appartements, coûtent plus cher que celles pour des coffres ou armoires; de même, dans les serrures à combinaisons, celles qu'on pourra employer pour appartements, c'est-à-dire, à manœuvrer également des deux côtés, coûteront toujours plus cher que celles qui ne peuvent servir qu'à des armoires. Mais il y a bien d'autres lieux, que des armoires, où l'on fait usage des serrures ordinaires, qui ne s'ouvrent que par dehors, & où l'on peut user d'une bonne serrure à combinaisons, laquelle cependant ne fermeroit que par le dehors; par exemple, pour fermer des barrieres dans une forêt, des regards de fontaine, des remises, des caves, des magasins, des gardes-meubles, des bibliothéques, des granges, des greniers, des archives, des dépôts, &c. & tout autre endroit où l'on ne va que très-rarement, ou bien, où l'on n'a point à s'enfermer. On n'aura pas besoin alors de se charger de la clef, ni de s'en rapporter à un passe-par-tout; les serrures pour lesquelles le passe-par-tout peut s'employer, ne donnent jamais la *sûreté possible* que l'on peut attendre de celles qu'il n'y a que leur clef qui peut les ouvrir; au lieu qu'avec une serrure à combinaisons, on aura une sûreté plus grande qu'au moyen des serrures qui s'ouvrent avec le passe-par-tout, & il ne s'agira que de ne pas perdre la mémoire de sa combinaison, ou de la conserver clairement indiquée par quelques-unes des façons que j'ai annoncées. Mais pour le

---

(1) On m'a mandé que M. *Calippe*, Serrurier, habile Méchanicien, rue du Dauphin S. Roch, a appliqué cette espece de serrure en grand, pour des portes; mais je ne peux pas imaginer qu'il ait pu en faire une Serrure qui s'ouvre & se ferme en-dehors & en-dedans.

service usuel de ces serrures, il faut nécessairement qu'elles soient fortes & solides, qu'elles puissent être fabriquées & mises en place par les Ouvriers ordinaires de tout pays, & que le prix ne passe pas une pistole, ou 12 liv. ou 18 liv. au plus. Il faut encore qu'elles n'entament pas le bois des portes, plus que les autres.

PLANCHE IV. *Fig.* 14. J'en ai exécuté une dont les pareilles ne reviendroient guères au-delà du prix de 12 à 15 liv., elle est du quatrieme méchanisme que j'ai appellé l'espece *composite*; il y a des cercles qui portent chacun leurs tuyaux ou cylindres concentriques, & lesquels renferment l'axe commun aux pieces mobiles, rouleaux ou plateaux circulaires, & l'extrémité de chacun de ces tuyaux engréne dans une des différentes pieces ou plateaux circulaires, & tous en désengrénent, pour pouvoir changer leur position & la combinaison choisie. Cette espece de méchanisme seul est absolument dans le cas de ne pouvoir s'employer que par le dehors du lieu qu'il tient clos, & je ne conçois pas de moyens de se servir de ces cercles concentriques (ce que j'ai appellé la premiere espece de ces méchaniques), même avec leurs cylindres, pour d'autres serrures que celles-ci, à moins, je le répete, que d'y joindre un autre
PLANCHE IV. méchanisme. Cette piece, Fig. 7 & 14, est exécutée comme une forte serrure de coffre ou d'armoire, &, en cela, de même nature que toutes celles qui ont concouru au Prix de la Société d'Emulation; Prix que cette piece eut été dans le cas d'obtenir, si elle avoit été présentée. L'explication des Fig. 7 & 14, en montrera la construction.

Utilité des serrures à combinaisons. Toute espece de serrure à combinaisons, sans clef, pour un coffre ou pour une armoire, peut avoir de grands avantages, lorsqu'il faut en appliquer plusieurs sur une même porte, pour le cas où l'on ne veut point qu'elle soit ouverte autrement qu'en présence ou avec l'aveu d'autant de personnes qu'il y a de serrures; & comme il peut arriver des circonstances où l'une de ces personnes fût éloignée, & voulût donner sa procuration à quelqu'un, alors, au lieu d'envoyer la clef, il suffira de mander, au chargé de pouvoirs, quelle est la combinaison qu'elle aura adoptée. Il est à croire, même, que la Société libre d'Emulation, de laquelle, par son Réglement, le dépôt principal de la caisse doit être sous trois clefs, a usé déjà, ou usera de ces serrures par la suite, & qu'elles seront choisies de trois méchaniques différentes, & les meilleures.

Quel est le meilleur méchanisme à combinaisons. Le méchanisme que je crois être le plus sûr & le plus facile à exécuter solidement & à meilleur marché, pour faire des serrures d'appartement, c'est celui que je place de la troisieme espece, celui inventé par M. *Regnier*, celui des cercles ou plateaux égaux ou inégaux placés auprès ou à côté l'un de l'autre; mais il faut absolument que les deux parties, dont chaque cercle ou plateau sera composé, engrénent l'une dans l'autre, & qu'elles se désengrénent pour changer leur position respective, & établir de nouvelles combinaisons, en observant de n'avoir ni *frottement* simple, ni composé. Je ne dis pas, cependant, qu'on ne puisse pas faire de ces méchaniques à frottement, de l'espece que j'ai placée la seconde (celle du cadenat de CARDAN à rouleaux), ou celle de la Piece qui a obtenu le Prix; mais pour cette deuxieme espece, & sur-tout, quand l'*obstacle* agira par le centre, il faudra toujours, 1.° un travail plus soigné, plus fini, &, par conséquent, plus de cherté, afin de ne pas tomber dans l'inconvénient de déranger une des pieces mobiles, en voulant (de celle qu'on viendra d'établir) faire passer, dans une autre, la partie de l'axe par laquelle leurs mouvements particuliers peuvent seulement leur être communiqués. 2.° Ce méchanisme (mû par le centre) sera toujours plus long à arranger, quand on voudra ouvrir & fermer. 3.° Il sera toujours besoin d'art, d'adresse, d'un certain savoir pour manier ce méchanisme; enfin, il y aura une difficulté méchanique entierement superflue. 4.° Il sera toujours plus difficile, par ce moyen, de pouvoir ouvrir ou fermer la porte la nuit, sans lumiere & d'une main; qualités cependant essentielles & indispensables, même dans l'usage commun, & pour obtenir la préférence sur ce qu'on appelle des *serrures de sûreté*, propres aux appartements, pour le service journalier du Peuple & du Bourgeois.

Formes à donner aux pieces mobiles. La forme que je crois la meilleure à donner aux parties des rouleaux ou plateaux circulaires, c'est l'une des deux dont la représentation des figures se trouve expliquée, Fig. 3
N.° 15. & suiv. PL. II. En construisant en métal les pieces de ces figures, leurs dimensions,
PLANCH. II & III. en épaisseur, peuvent être réduites aisément jusqu'à une ligne & demie, & la moindre dimension du diametre de leur partie intérieure peut être réduite à cinq ou six

lignes (1), on y aura aisément encore trente-deux dents, & ce nombre fournit toutes les lettres de l'alphabet, & tous les chiffres (en se servant du nombre *un* pour la lettre *I*, & de la lettre *O* pour zéro); en donnant, à ces pieces mobiles, quatre lignes d'épaisseur au plus, & douze à treize de diametre, elles pourront s'exécuter en bois de buis, ou autre, pourvu qu'il soit aussi dur & aussi coriace, & elles porteront facilement seize dents solides, & ce nombre seize, renferme celui de tous les chiffres Arabes & Romains, 1, 2, 3, 4, 5, 6, 7, 8, 9, M (10), D (11), C (12), L (13), X (14), V (15), O (16). Ce nombre 16 répété sur quatre quarts, partagera un cercle en 64 parties, NORD, EST, SUD, OUEST. Pour la plus longue durée, il conviendra de faire que la partie extérieure de chaque piece mobile (par sa face, qui sera entaillée pour recevoir le tétiau) soit toujours de métal, ou couverte de cette matiere, afin de résister au frottement ou appui du tétiau, frottement qu'elle éprouvera aussi-tôt qu'on tentera de l'ouvrir dans toutes les positions où ce tétiau ne sera pas exactement au-dessus de l'entaille dans laquelle il doit entrer.

Dans le cas où l'on voudroit employer le méchanisme de la seconde espece, soit dans le goût de ma premiere serrure, soit de la seconde, ou comme au cadenat, à l'écritoire, ou à l'étui à cure-dents, auxquels il faut que la partie extérieure des pieces mobiles soit apparente, & qu'elle porte les signes à combiner, & où, par conséquent, il faut que ce soit la partie intérieure qui reçoive l'*obstacle*; il faudra alors que la face de la partie intérieure de ces pieces, du côté qui doit recevoir le tétiau, verrou, ou parallelipipede, soit nécessairement d'une matiere plus dure que le bois, comme yvoire, os, écaille, si l'on ne se sert point de métal; car les petits corps qui devront être poussés de l'une des pieces, pour passer à moitié dans l'autre, fussent-ils même d'autre matiere que de métal, viendroient à faire impression sur la partie intérieure de leur piece voisine, &, par-là, rendroient bientôt la méchanique défectueuse.

Usage à faire des frottemens à ressauts.

Il faut réserver le frottement composé, ou à ressauts, seulement dans les petites serrures plates, pour tablettes, porte-feuilles, contre-platines de fusils ou de pistolets, &c. 1.° parce que, par cette façon, le méchanisme peut être plus mince que par toute autre, & réduit seulement, tout compris, à deux lignes d'épaisseur; 2.° parce que, pour de semblables objets agréables, il faut nécessairement un ouvrage fini, & que ceux, à qui cela conviendroit, soient en état de payer le prix à proportion du travail nécessaire.

Probléme à proposer: faire des serrures sans employer de formes circulaires, ni aucune autre chose que le bois.

J'ai dit que ce qui a paru de méchaniques à combinaisons, avec de petits corps, ou pieces mobiles, à faces planes & droites, & qu'il faut placer en différens endroits, avoit un défaut inhérent à la forme ou figure de ces pieces mobiles, & qu'il ne falloit donc s'arrêter, pour l'usage, qu'aux formes circulaires.

J'ai dit encore qu'on peut cependant parvenir à faire une serrure à combinaisons, sans aucune forme circulaire; mais je dis plus affirmativement, qu'on peut construire une bonne serrure d'appartement, sans aucune espece de pivot fixe ou mobile, & en ne se servant que de corps, que de parties, que de pieces absolument à faces planes & droites, & n'ayant pas d'angles plus obtus que 135 dégrés; car, en petit, les figures à 16 côtés, & même à 12, feroient presque l'effet des circulaires. Je dis, de plus encore, qu'il est possible d'exécuter une semblable machine, sans aucune espece de métal, sans yvoire, os, ni écaille, &c. mais seulement avec du bois.

Cette proposition, à démontrer, seroit un probléme de méchanique à résoudre. Je ne pourrois pas, il est vrai, quant à présent, déterminer, ni même indiquer comment la solution pourra être de quelque utilité au public, pas même pour l'usage des serrures; mais il me paroît certain que l'art de composer des combinaisons méchaniques, loin de pouvoir jamais être nuisible, peut au contraire devenir du plus grand avantage dans la pratique de plusieurs autres Arts & Métiers utiles.

Je crois que, par toutes les Figures que je donne ici, (avec leur Explication capable de pouvoir faire entendre, à tout Ouvrier intelligent, la façon d'exécuter ces pieces) on appercevra aisément que, dans le nombre infini de formes qu'on voudra leur

---

(1) On verra comment j'en ai exécuté une, où le diametre intérieur n'est que de deux lignes & demie, & qui porte 24 dents qui y aboutissent. *Voyez* les *Fig.* 1.re & suiv. PLANCHE IV, & sur-tout la *Fig.* 14.

faire prendre, il faudra toujours se borner, dans l'usage, aux especes que j'ai distinguées; si, du moins, quelque nouvelle connoissance ne vient point à éclore du zele que l'on remarque, de tous côtés, pour la perfection des Arts, & sur-tout de la part de la Société bienfaisante, connue sous le nom de *Société d'Emulation*.

On ne peut donc que savoir gré à ces Citoyens généreux, qui répandent des gratifications, sous le nom d'encouragement, pour donner l'essor au génie. Cette Société, même dans un des objets qu'elle a proposés, se trouvera peut-être parvenue à créer un art nouveau. En attendant qu'elle veuille bien faire connoître au Public quel est le point de perfection qu'elle a pu envisager, & l'instruire des principes qu'elle aura établis sur cet art, je ne peux nuire à ses succès, ni craindre de lui déplaire, en publiant cet Essai dans mon pays natal. A Tilbourg, en Hollande, au pays d'Osterwick, ce 25 Septembre 1779. *Signé*, JOSEPH BOTTERMAN.

Depuis ce Mémoire, envoyé à mon Traducteur, j'apprends que M. *Sandos*, Horloger, demeurant rue Gist-le-cœur, à Paris, avoit présenté à l'Académie des Sciences, une méchanique de sa composition, très-bien exécutée, en cuivre, renfermée dans un quarré d'environ trois pouces & demi, & de quinze lignes d'épaisseur; que cette savante Compagnie lui a donné son Approbation, le 12 Février de l'année 1780.

J'ai su que cette piece est très-susceptible de recevoir le peu qui lui manque pour avoir, presque généralement, les différentes qualités qu'on peut exiger d'une serrure à combinaisons, & qu'il ne s'agit, pour cela, que de deux choses; 1.° y établir à demeure des boutons ou poignées sur les axes de ses pignons, au lieu de trois différentes clefs, au moins, que l'Auteur y employe inutilement; 2.° ôter deux secrets qu'il y a placés, & qui y sont entierement superflus.

Il y a un manque de perfection dans cette méchanique, c'est que le changement de position, des parties des pieces, se fait par le frottement simple; mais l'inconvénient d'une semblable serrure, pour devenir usuelle, seroit encore le prix nécessaire à son exécution, s'il est vrai, comme on l'assure, qu'il ne pouvoit devenir moindre de 120 liv.; mais je soupçonne cependant qu'elle pourroit s'exécuter pour dix écus. Ce méchanisme est vraisemblablement de l'invention de M. *Sandos;* mais, par ce que j'en ai appris, il me paroîtroit pourtant avoir beaucoup de rapport avec celui d'une des pieces présentées dès Janvier 1779, & qui a concouru au Prix de la Société libre d'Emulation, & que cette Société, dans sa Séance publique, en Juin, a annoncé être de M. *de Vergne* (1), & que je place dans la troisieme espece inventée par M. *Regnier*. Je n'essayerai pas de décrire le méchanisme de M. *Sandos;* je peux dire, néanmoins, que sa méchanique, telle qu'elle m'a été expliquée, 1.° n'a que deux pieces mobiles, de même que celle qui a obtenu le Prix; que, par conséquent, elle ne peut de même porter ses combinaisons qu'à la seconde puissance du nombre dont ces pieces sont marquées; &, 2.° que ses pieces ne peuvent faire qu'un tour, après quoi elles sont obligées de retourner; qu'elles ont un point d'arrêt, comme celle de la méchanique de M. *de Vergne;* & que ce sont là deux autres manques de perfection. *Signé*, JOSEPH BOTTERMAN.

(1) M. *de Vergne*, Ingénieur à Verdun, a imaginé une méchanique, & l'a fait exécuter par le nommé *Gony*, Serrurier, qui, pour son compte, en a envoyé deux autres au Concours, lesquelles n'ont rien de ressemblant au méchanisme de M. *de Vergne*. On n'est pas obligé, à la méchanique de M. *Sandos*, de tourner le pivot pour chaque cran de la roue qu'il met en mouvement, comme à celle de M. *de Vergne*.

PLANCHE

EXPLICATION DES PLANCHES.

PLANCHE PREMIERE.

N.° I.

CADENAT A ROULEAU.

FIGURE PREMIERE. Profil d'un des cadenats de Cardan, à rouleaux, où les deux pieces peuvent se détacher entierement.

FIGURE SECONDE. Profil de ce même cadenat, vu par le bout qui porte la crémaillere. Les lignes pointillées qui vont d'une figure à l'autre, marquent le rapport des deux figures. Les plus gros points marquent la hauteur des rouleaux, & comment ils sont retenus dans le même lieu, par les bandes A, B, qui joignent ensemble les dormants C, D. *Fig.* 1.re

Le pointillé E, de la Figure 1.re, marque comment l'extrémité de la chappe qui tient à la crémaillere, entre dans le bout de la branche du dormant C. On voit dans la même Figure, le pointillé qui représente la crémaillere vue tout-à-fait sortie des rouleaux, PAR LA FIGURE 3e.

Dans la *Fig.* 2.e, on voit la face du dormant représentée de profil à la *Fig.* 1.re, en D. Ici F, G, représentent la partie de la branche qui joint la crémaillere à la chappe ; & le pointillé autour de G, offre la partie de la crémaillere marquée de même G, & vue de côté, *Fig.* 3.e

LA FIGURE 4.e représente un cadenat de la même espece, où les deux pieces ne peuvent pas se détacher l'une de l'autre, & dont la chappe A, est à un des bouts ; on voit la crémaillere désignée en pointillé, & son extrémité B, prolongée de quatre lignes environ au-delà du dormant, est retenue par un rebord qui l'empêche de passer plus loin au travers des rouleaux, quand le cadenat se trouve ouvert.

LA FIGURE 5.e est la coupe d'une des pieces mobiles ou rouleau, & la Fig. 6 en est le plan ; en supposant que la crémaillere n'y soit pas. Dans cette Fig. 5, A, est le passage de l'axe ou crémaillere marquée A, Fig. 3.e, & dans lequel passage se trouve l'entaille marquée I, Fig. 6.e, représentée en plan. L'entaille dans cette coupe, Figure 5.e, se voit en pointillé D; l'espace marqué B, dans la moitié de l'épaisseur du rouleau, c'est l'espace où tourne librement une dent de crémaillere marquée B. Fig. 3.e C, c'est le bord extérieur du rouleau, sur lequel sont tracés les signes indicatifs ; on voit que cette piece, étant d'une seule partie ou d'un seul morceau, le passage de la dent de la crémaillere se trouve toujours nécessairement sous le même signe indicatif, & que ce passage une fois reconnu, à chacun des rouleaux, il n'y a plus, dès-lors, de combinaison à faire, & qu'il faut toujours les replacer de la même façon pour ouvrir, & donner la liberté à la crémaillere.

PLANCHE PREMIERE.

N.° II.

AUTRE CADENAT DE CARDAN.

FIGURE 7.e est la vue du dessus du Cadenat à cercles concentriques; le pointillé marque comment la crémaillere passe sous les cercles, & que, sous la plaque marquée comme transparente, l'une des parties passe dans l'autre; &, ici, au passage marqué B, il faut remarquer que le passage A donneroit plus de largeur, & que le passage C en donneroit moins; l'étoffe qui renferme la rembourrure, & qui double le tour, paroît rebordée autour, & attachée, par les points-de-couture marqués ainsi: - - - -.

LA FIGURE 8.e est la coupe de la même invention.

On voit, *Figure 7.e*, sur chaque cercle mobile, les lettres ou chiffres, qu'on pouvoit y substituer, être placés différemment, & que, pour faciliter de lire, il faut que ces lettres ou chiffres soient toujours figurés, ayant le centre commun des cercles sur la droite, comme aux trois plus grands cercles, si l'on veut lire sur la gauche; ou bien il faut les tracer ayant ce centre à la gauche, si l'on veut lire sur la droite, & dans un ordre renversé par rapport à l'autre, comme est marqué le plus petit cercle. C'est selon le côté qui aura été choisi pour être le point indicatif auquel la combinaison doit répondre. On croit ne devoir pas donner la construction totale de cet objet.

PLANCHE PREMIERE.

N.° III.

SERRURE QUI A ÉTÉ PRÉSENTÉE A L'ACADÉMIE DES SCIENCES.

DESCRIPTION d'une Serrure présentée pour le Concours du Prix de la Société libre d'Emulation, en Janvier 1779, & qui n'a pu être admise à concourir. Cette Description est à-peu-près telle qu'elle avoit été présentée à cette Société, sans plan ni dessin, mais avec la méchanique même ; il n'y avoit donc pas de renvois aux Figures ; on en a placé quelques-unes ici pour faciliter l'intelligence de la Description de la méchanique, de laquelle on ne peut communiquer de dessins, que par la voie de l'impression.

« Le méchanisme de combinaison de cette serrure, (Fig. 9,) représentée en vue sur une » échelle de six lignes pour pouces, consiste en cinq pieces qui forment chacune une Figure » réguliere ou espece de roulette à dix côtés ou faces de même dimension. Chacune de ces faces » est marquée de la Figure d'une des cartes à jouer d'un jeu de Quadrille ; elles sont elles-mémes » partagées en quatre parties pour les quatre couleurs, *cœur*, *trefle*, *pique* & *carreau*, ce qui » leur détermine 40 positions.

» Il peut être généralement plus commode d'employer des figures de cartes ; on trouve des » gens qui ne savent pas lire, & sur-tout, parmi les Paysans ; il y en a qui ne connoîtroient » pas les chiffres, tandis que tous connoissent la figure des cartes à jouer, tout aussi-bien que » les gens qui ont reçu la meilleure éducation.

» Chacune de ces cinq pieces, roulettes, ou décagones, composée de trois parties, a » cinq lignes d'épaisseur (du sens de leur axe commun). Le diametre extérieur, entre les faces » apparentes, est de deux pouces ; (*voyez Fig.* 10, sur une échelle de moitié de sa dimension, » où une de ces roulettes ou décagones, est représentée en plan). La premiere partie, celle » extérieure de chacune de ces roulettes, forme une espece d'anneau, duquel la diagonale inté- » rieure est de 18 lignes ; mais qui porte à cette circonférence intérieure des dents ou des pointes » saillantes en-dedans, lesquelles, dans cette serrure, se trouvent de deux lignes un quart ; ces » dents ou pointes ont aussi d'épaisseur, deux lignes trois quarts, ce qui est un peu moins de » moitié de l'épaisseur totale de la roulette.

» Au-dedans de cette premiere partie de chaque roulette, est une étoile, dont la dimension » dans son corps (le long de l'axe) est également de 5 lignes d'épaisseur, sur un diametre de » 14 lignes ; mais ayant ses pointes ou dents extérieurs d'une épaisseur moitié moindre, c'est-à- » dire, de deux lignes un quart, ou & demie, dents ou pointes qui entrent exactement entre » celles de la premiere partie de la roulette. L'étoile elle-même est percée d'une ouverture de » 5 lignes de diametre ; mais ayant une seule entaille, ou encoche, ou échancrure dans sa circonfé- » rence intérieure de deux lignes & demie d'enfoncement, & d'une ligne & demie de largeur.

» Dans cette étoile, se place une virole qui a également 5 lignes d'épaisseur, de même qu'elle » a aussi 5 lignes (moins l'espace nécessaire pour un frottement léger) de diagonale extérieure, & » seulement 3 lignes & quelque chose de diagonale intérieure, afin de recevoir l'axe de 3 lignes ; » mais cette virole a une dent saillante, de deux lignes un quart (à peu de chose près) & d'une » ligne un quart seulement d'épaisseur dans sa dimension qui entre dans l'encoche de l'étoile.

» Ces trois parties réunies, forment une des cinq pieces ou roulettes du méchanisme de com- » binaisons ; toutes cinq sont enfilées sur un même axe de trois lignes de diametre dans l'étendue » des 25 lignes occupées par les cinq pieces ; mais cet axe est renforcé par ses extrémités, où » il porte quatre lignes & demie de diametre, de façon que les viroles restent toujours sur le » même lieu de l'axe, & n'avancent à droite ou à gauche dans la boëte de la serrure, & sous les » anneaux en décagones, qu'avec l'axe, lorsque les cinq pieces sont arrangées de façon que chacune » des viroles qu'elles ont à leur centre, porte chacune leur dent précisément vers un même point, » ne pouvant varier horisontalement leur axe commun ; alors (les étoiles & les roulettes ou point » correspondant à un même rayon de leur position, c'est-à-dire, paralellement à l'axe) si l'on » vient à faire agir horisontalement cet axe commun, les viroles, nécessairement mues, en même- » tems que cet axe, suivent son mouvement, & elles passent ou sortent à moitié hors de leur » étoile, & vont dans la moitié de l'autre étoile voisine. (Nous verrons ce mouvement représenté » Fig. 12, de grnadeur naturelle, & son explication, ci-après).

» Ce qui forme la combinaison à établir à son choix, c'est la possibilité de donner à chaque » étoile qui renferme sa virole, quarante positions différentes dans la partie extérieure (ou anneau » à dents) respectif à chaque étoile. C'est-là ce qui établit la variété des secrets, autrement dit, » la combinaison de secrets à choisir, &, dans cette serrure, le choix est entre cent deux mil- » lions quatre cents mille ; c'est cette variété de choix qui fixe le nom de *serrure à combinaisons*,

» à celles qui ont semblables propriétés. S'il n'y avoit ici que dix positions, à chaque roulette, il » n'y auroit plus que quatre cents mille combinaisons; il y en auroit donc 102 millions de moins : » mais elle seroit toujours serrure à combinaisons.

» Lorsque l'on veut changer de combinaison, autrement dit, faire choix d'un autre secret, c'est-à- » dire, encore, lorsque l'on veut établir une autre position de chaque étoile, dans son anneau » relatif; il faut (lorsque les viroles sont sur un même rayon, & après que l'axe a joué) pousser » à la fois toutes les étoiles hors de leurs anneaux & vers le côté opposé à la saillie du pêne, » & justement de la moitié de leur épaisseur, c'est-à-dire, de deux lignes & demie, ce qui se fait » sans que l'axe commun remue, & en poussant les boutons A (1). L'on voit près I, I, Fig. 9, deux avan- » ces qui vont pousser les étoiles (2); alors, les dents se trouvent sorties, les unes d'entre les au- » tres, des étoiles & de leurs anneaux respectifs; lesquelles étoiles restent fixées sans pouvoir tourner » ou se déranger, parce que chacune d'elles sont retenues en place par deux moitiés de différentes » viroles. (Voyez Figure 12, la coupe de l'étoile A, portée sur moitié de deux viroles B & C,) alors, » dis-je, les cinq anneaux à dents ou parties extérieures des cinq pieces mobiles, & qui sont soutenues » par les quatre petits cercles qui sont entr'eux, (marqués D, Fig. 12.) peuvent être mûs & » tournés à volonté, pour leur choisir la position qu'on veut, c'est-à-dire, pour établir, par » l'aspect de leurs faces, tel autre nombre, telle autre figure ou tel nom qu'on voudra. L'on fait » ensuite rentrer les étoiles chacune *sous* son anneau à dents & *sur* sa virole, ou plutôt, on » laisse rentrer les étoiles à leur place, y étant rappellées par l'effet d'un ressort, (marqué L, » Fig. 9.) & alors, la nouvelle combinaison, autrement dit, la nouvelle désignation donnée au » secret se trouve établie. Cette action de pousser les viroles en arriere, s'exécute par le bouton » extérieur A, placé du côté de la saillie du pêne, & il faut le tenir poussé du côté opposé à » cette saillie, pendant qu'on arrange les parties extérieures des roulettes, & le retirer ensuite » pour être plus assuré de son retour, quoiqu'il ait le ressort L qui le rappelle. Le ressort » représenté en M, est celui du demi tour.

» C'est lorsque la combinaison est établie, que l'on peut seulement communiquer au pêne, un » mouvement quelconque, parce que, par le moyen d'un long *penneton* H, pour joindre ce » pêne, & par celui d'un autre très-court D, E, pour joindre des branches coudées & liées » ensemble, qui correspondent à l'axe des cinq pieces mobiles, un même moteur D, mis en » action par l'une des petites pommelles saillantes, tant à l'extérieur qu'à l'intérieur de l'apparte- » ment, placées à l'extrémité du penneton E, par un appui qui le fait descendre à sa repré- » sentation pointillé, donne 15 lignes de course à ce pêne, dans le même-tems qu'il n'en donne » que deux lignes & demie ou trois lignes, à l'axe commun des cinq pieces, & qu'il le fait cou- » ler de sa position stable, & passer à celle représentée en pointillé, Fig. 9, (ce qui est aussi » représenté en grand, Figure 12,) où l'on voit cet axe E, passer de sa place par la position F; » & c'est seulement la fin de ce mouvement de l'axe, mouvement instantané, qui, par l'effet » du talon ou biseau de cet axe marqué au-dessous de la lettre N, Figure 9, & G, Figure 12, » fait lever un petit pêne représenté près H, Figure 12, & sortir de la position où il est » représenté en pointillé pour aller à celle où il est réellement figuré, & c'est ce petit pêne » qui donne le mouvement à trois petits verrous, qui forment un obstacle au déplacement des » étoiles. (On voit Fig. 10, en A, A, A, où portent les trois obstacles contre le corps de l'étoile, & » à côté en pointillé, où ils sont restés, quand leur pêne les a fait mouvoir). Ce déplacement, » des trois petits verrous, ne doit pouvoir être procuré, & ne peut l'être, que par celui qui » connoît la combinaison choisie, & qui a pu l'établir.

» Les trois petits verrous (formant l'obstacle à ce déplacement des étoiles,) lorsqu'ils sont » soulevés par le moyen de la fin du mouvement de l'axe, se trouvent tout aussi-tôt saisis, & » ils restent suspendus par l'effet des petits ressorts supportés par un petit corps de méchanique » représenté vû de face, Fig. 13, & vû de côté, Fig. 12, c'est-à-dire, vû comme ce méchanisme » se trouve être placé dans l'épaisseur de la serrure, & ainsi qu'il paroît représenté Fig. 9. On » voit Fig. 13, la représentation d'une double crémaillere A, B, de laquelle chaque extrémité » C, D, est saillante, & aussi-tôt qu'on touche à l'une des extrémités de cette double crémaillere, » les trois petits verrous retombent & se replacent; alors on ne peut plus faire sortir les étoiles » de leurs anneaux, & ces petits verrous ne peuvent plus être relevés, que par un nouveau » mouvement & du pêne & de cet axe qui lui correspond ».

Ces verrous retombent d'eux-mêmes par leur poids, étant légerement attachés sur un axe repré- senté au-dessus de I, Fig. 12. On voit les deux charnieres L, M, jointes par une branche qui fait baisser l'extrémité du levier N, quand le verrou fait monter le tenon supérieur à sa position en O, pour être accroché par un petit ressort; &, pour ôter le 3.e obstacle, c'est le tétiau mar- qué en coupe par des hachures recroisées, près P, Fig. 12, qu'on ne voit que par le bout, & marqué E, Fig. 13, vue de l'autre sens, lequel tétiau souleve un petit marteau en ressort mar- qué Q, Fig. 9, qui forme le 3.e point d'obstacle: j'ai employé trois obstacles afin d'avoir un appui assez sûr pour retenir fermement le cercle des étoiles, en n'appuyant cependant que sur le bord de sa circonférence.

« Cette description fort longue & ennuyeuse, fut-elle plus détaillée, ne feroit pas connoître

---

(1) Ce bouton est saillant en dehors de la boîte, en-dedans de la chambre, & saillant aussi au-dehors de la porte, comme il paroît Fig. 9 *bis*, lettre A, sur une très-petite Echelle.

(2) Toute la longueur de ces avances, ne peut être représentée dans le dessin, en vue, que par le pointillé aussi marqué I.

» assez

» assez particulierement cette méchanique, pour en construire aisément une parfaitement semblable; mais elle peut suffire pour la faire bien entendre à ceux qui pourront examiner la piece exécutée. Rien n'est si aisé que de voir tout le dedans de cette serrure, où toutes les pieces se trouvent être attachées sur le palâtre ou la plaque de fond. La plaque ou le palâtre qui couvre l'extérieur du dedans de la chambre & trois côtés de son épaisseur, est faite de maniere à pouvoir se lever très-aisément; elle n'est retenue en place que par deux écrous à oreille, qu'on visse sur les deux montants (représentés, Fig. 9, au-dessus de P, P,).

La Gazette d'Agriculture, n.° 55, 1779, rend compte de cette serrure, & dit qu'elle a été destinée à former la fermeture d'une grille de fer entre deux jardins; qu'outre son demi-tour, elle s'ouvre & se ferme également par dehors & en dedans, sans qu'on soit obligé de faire agir plus d'une main; qu'il n'est pas même nécessaire d'y regarder, que le tact seul suffit; que les combinaisons s'établissent également des deux côtés indifféremment, & dans quelque position que se trouve le pêne, soit poussé dans sa gâche, soit tout-à-fait entré, soit au milieu de sa course.

Cette piece a une singularité remarquable (dit cette Gazette), c'est qu'elle peut tromper un mal intentionné, qui, après avoir observé la combinaison dont on se seroit servi pour la fermer, croiroit être en état de la retrouver pour l'ouvrir. Le propriétaire, après avoir laissé voir la combinaison suivant laquelle il aura fermé, & après l'avoir troublé, peut, en présence des curieux, établir une autre combinaison à son choix, sans qu'il ait à craindre qu'aucun Spectateur suspect puisse le démêler.

Le Rédacteur de la Gazette auroit pu ajouter, qu'indépendamment de cette singularité, elle en a encore une très-grande; c'est qu'elle peut paroître faire l'impossible; c'est-à-dire, remplir ce qu'on peut entendre par la demande de la Société d'Emulation, *trouver moyen d'exécuter indifféremment telles de ces combinaisons qu'il plaira choisir au moment où l'on voudra FERMER OU OUVRIR.* Mais cette propriété, n'est dans le fond, qu'une subtilité imaginée pour paroître remplir la proposition impossible. Cette méchanique n'étant exactement pas fermée, lorsqu'on n'aura pas touché à l'une des extrémités de la double crémaillere, qui soutient suspendus les petits verrous qui empêchent le jeu des étoiles (vers le côté du mobile, c'est-à-dire, vers le côté opposé à la saillie du pêne,) qui les empêchent, dis-je, ces étoiles, de désengréner & sortir hors des dents de leur partie supérieure; car, sans ces arrêts, les viroles attirées par l'axe, attireront elles-mêmes les étoiles en arriere & hors des dents des roulettes, &, par conséquent, le pêne aura toute la liberté de son jeu, sans qu'il y ait pour cela la moindre combinaison d'établie, &, cependant, présentant toujours l'apparence de toute combinaison qu'on voudroit designer.

En se proposant donc qu'après avoir poussé le pêne dans sa gâche, on ne rétablira pas l'obstacle, on pourroit dire, à un curieux, je vais fermer par telle combinaison, & j'ouvrirai par telle autre combinaison que vous me désignerez; mais on le tromperoit, puisque dans le fait on n'auroit pas réellement fermé. On n'auroit pas arrêté le verrou ou pêne au point de sa saillie dans la gâche; mais aussi on paroîtroit alors avoir fait l'impossible, & c'est cette apparence, à donner, qui étoit un des objets que j'ai eu en vûe.

Le moyen, par lequel s'opére ce prestige, provient de la possibilité que j'ai voulu donner aux étoiles de sortir de la partie extérieure de leurs roulettes dans toutes les positions du pêne, tandis qu'il seroit bien plus simple de faire que l'obstacle, à leur sortie, se levât de lui-même dans le milieu de la course de ce pêne, & retombât presque tout de suite; mais j'ai encore eu l'idée de faire que cette méchanique pût varier ses combinaisons dans toutes les positions du pêne.

Il est nécessaire qu'il y ait un arrêt solide aux étoiles, puisque, sans cela, en faisant mouvoir le gros pignon, on feroit toujours ouvrir ou fermer sans combinaison aucune; car les viroles pousseroient les roulettes au désengrénement, à chaque mouvement de leur axe. Il faut aussi que ce qui forme cet arrêt des étoiles, sous leur anneau ou leur partie supérieure, ne puisse pas cesser, à moins que toutes les viroles, étant toutes arrangées, autrement dit, la combinaison étant établie, toutes ces viroles ayent déja passé une fois à la moitié des étoiles, & qu'elles soient revenues, parce qu'au moment où les étoiles doivent être poussées au désengrénement, il faut être assuré qu'elles se trouveront alors toutes restées sur deux parties de différentes viroles. Voyez la Fig. 12. C'est pour cela que j'ai fait ensorte qu'il soit nécessaire que les viroles ayent commencé toutes à entrer déjà de leur étoile dans l'autre leur voisine, avant que l'extrémité de l'axe puisse commencer à faire lever l'obstacle à la sortie de ces étoiles; & c'est pourquoi on voit que le petit pêne H, Fig. 12, dans sa position en pointillé, ne touche pas un biseau G, du bout de l'axe qui doit le soulever, & que ce biseau doit parcourir, un petit espace auparavant, ce qu'il ne peut faire quand les viroles ne sont pas toutes vis-à-vis des ouvertures des étoiles où passent leurs languettes. On voit, Fig. 12, la coupe de ces languettes représentées en Q, par les hâchures horisontales, & la coupe de la virole dans sa partie annulaire, marquée par les hâchures perpendiculaires. Les obstacles une fois levés quoique ces étoiles ne trouvent pas alors de difficulté à leur déplacement, elles ne seront cependant point entraînées hors de leur engrénement, & passeront, quand on voudra, sur leur virole voisine, de même que cette virole aura passé sous elles: or c'est lorsque les obstacles au désengrénement sont levés, que l'on peut seulement pousser les étoiles, & les faire désengréner pour établir une nouvelle combinaison.

A l'égard de la singularité de pouvoir tromper le curieux indiscret, qui voudroit parvenir ouvrir à avec la combinaison par laquelle il auroit vu fermer, elle tient à cette possibilité que j'ai établie, de changer la combinaison dans toutes les situations du pêne; elle consiste dans la suspension de l'obstacle à ce qu'on puisse faire sortir les étoiles en arriere, lequel obstacle ne peut être vaincu par la force du pignon mû par la poignée, & ne peut l'être que par le mouvement que ce pignon aura communiqué à l'axe par un de ces pennetons. Mais, cet axe étant mû, soit par le mouvement qui a rappellé le pêne dans sa place, soit par celui qui l'a fait saillir, il aura également levé les obstacles ; il n'y a donc plus qu'à ne pas toucher & ne pas lâcher la détente de la double crémaillere, (ou seulement il faudroit en faire le semblant, si le curieux sait que cet attouchement est nécessaire) & alors, on pourra troubler la combinaison & arranger la position qu'on aura demandée, & il se trouvera qu'en forçant, un peu, on ouvrira. L'on peut, alors, faire retomber les obstacles, & l'on ne pourra plus fermer de nouveau, que par la premiere combinaison.

Ce sont ces deux especes de singularité recherchée dans cette serrure, qui ont multiplié les pieces qui font peut-être paroître, d'abord, son méchanisme fort compliqué ; elles y sont entiérement superflues, & elles en enchérissent la construction ; mais ce même méchanisme, en serrure, peut s'exécuter bien plus simplement & à bon compte, sur-tout, quand on voudra ne pouvoir pas changer la combinaison autrement que dans le tems où le pêne sera au milieu de sa course.

Dans cette Figure, cette serrure est représentée en vue, lorsque le pêne a fait sa course, & qu'il est saillant au-dehors. Les pointillés marquent la place du pêne & du pignon à pennetons, lorsque le pêne est rentré, tout comme le pointillé de l'axe des pieces mobiles marque son extrémité entre les quatre I, ou le chemin que cet axe a parcouru pendant le tems du mouvement du pêne. On voit en A, un bouton qui tient à l'extrémité d'une plaque, dont deux branches vont autour des cinq pieces mobiles, pour, par leurs extrémités repliées, contenir les étoiles dans l'espace de 25 lignes sous leurs roulettes ; ces branches repliées, sont représentées, Fig. 12, en R, & tiennent les cercles qui séparent les pieces mobiles. Pour pouvoir pousser le bouton A, (qui saillit des deux côtés, dehors & dedans la chambre) il faut que les petits verrous porte-obstacles, aient été levés, & soient soutenus par le bas des ressorts, dont on voit la tête marquée près de B. Le C, est le pignon du demi-tour, qui se meut par une poignée de chaque côté à l'extérieur, & marqué de la même lettre C, dans la coupe, sur une très-petite échelle, Fig. 12 en R, est le pignon du pêne dormant, lequel est mû par le bouton près & au-dessous de la lettre E. Il faut lever ou baisser alternativement ce bouton, qui n'a pas plus de course extérieure que le bouton A ; ce bouton E, dans sa course, force à se reculer la piece contre laquelle il frotte, laquelle, (attachée à un pivot d'un bout) recule (son autre bout) jusqu'où le pointillé est marqué ; le bout d'en bas de cette piece tient par un équerre, près F, à l'axe des cinq roulettes, qui, par un autre équerre, lui transmet le mouvement. On apperçoit entre chacune des cinq pieces, quatre cercles minces qui sont attachés ensemble, & ce qui les atttache est arrêté sur le fond par les tenons G ; sur ces quatre cercles frottent les parties extérieures ou anneaux décagones des cinq pieces mobiles, afin que le mouvement qu'on donne à l'une de ces pieces, ne puisse pas se communiquer, par le frottement à celle d'à-côté, & aussi pour qu'elles ne portent pas sur les pointes des roulettes, & enfin, pour qu'elles ne soient pas supportées *fortement* par l'axe commun.

Les détails nécessaires pour expliquer toute la construction de cette serrure, d'après des dessins, seroient, peut-être, trop longs, & exigeroient encore plusieurs Figures ; il suffit de considérer celle qui représente, en plan, une des cinq pieces, composée de ses trois parties ; une portion y est marquée, divisée en quarante parties ; l'autre seulement en dix ; & comme elle pourroit être exécutée en bois, & pour le détail de la forme extérieure des roulettes, on voit la Fig. 11, qui représente pour combinaison établie, le *Bagota*, *Roi de tréfle*, *Dame de pique & Valet de cœur*, avec le sept & trois de tréfle. Chaque face porte une bande divisée en quatre parties, marquées chacune des quatre couleurs, *cœur*, *tréfle*, *pique* & *carreau* : les faces qui ne représentent pas des figures, *Roi*, *Dame* ou *Valet*, ne présentent que des petits ronds ou besons, & leur couleur, ainsi que celle des figures, est déterminée par celui des quatre points, qui se trouve sur l'alignement, entre les deux mains, représentées sur la boîte de la serrure. On voit à ladite Fig. 11, la ligne pointillé qui marque cet alignement (1).

Au lieu de cinq pieces, si l'on en employoit dix, à quarante dents, on pourroit choisir, non-seulement un des hazards où peuvent se présenter à un joueur ses dix cartes d'un jeu de Quadrille, mais même les 70 trilliards, 485 biliards, 760 milliards, dont on peut tirer dix fois, dans un certain ordre, à chaque fois une carte du jeu, en remettant à chaque fois celle tirée, ci 70 trilliards, 485 biliards, 760 milliards, 000,000,000.

---

(1) On n'a point donné la représentation de la figure extérieure de la boîte, qui se trouve dans l'épaisseur de la porte, & ne présenter que les deux petits boutons en saillie, & une poignée à main, également des deux côtés pour le demi-tour ; la coupe sur une petite échelle, Fig. 9 *bis*, suffit ; on voit, marquée en hâchure, l'épaisseur de la porte ou grille de fer, & la serrure sans autre saillie de l'un ou l'autre côté, que les têtes de verrous, & une portion des cercles ou décagones qui portent les Figures de la combinaison.

PLANCHE PREMIERE.

N.° IV.

DESCRIPTION DE LA SERRURE A COUP DE PISTOLET.

CETTE Méchanique est ici représentée sur une échelle de quatre lignes pour pouce. Dans la Fig. 14, on voit en A, la détente ou gachette pour lâcher le chien ou marteau B, contenu par le ressort C; le bout D, du chien ou marteau, quand il a été armé & relevé au point D D, & qu'on vient à lâcher la gachette, va frapper la balle E, qu'il trouve plus avancée vers le point D, & faillante presqu'à moitié hors du calibre, dans lequel on la voit représentée en pointillé sous ladite lettre E.

A côté de E, sur la gauche, on apperçoit un bouton qui est faillant en dehors, sa monture embrasse le calibre qui contient la balle, laquelle monture a un autre bouton aussi faillant de l'autre côté de la porte. Ce bouton sert à pousser & faire glisser, vers les pieces de combinaisons, cette partie du calibre qui contient la balle, & cette partie poussée, pousse alors toutes les parties détachées qui sont dans chaque piece; de façon que la derniere, F, pousse la tête du ressort construit en tire-bouchon G, dont la queue H, en reculant jusqu'où il est marqué en pointillé, fait lever & fait faire la bascule au bout du levier I, dont l'autre bout K, baisse alors & attire avec lui le montant L, duquel la tête forme une petite languette qui entre dans une entaille faite dans le dessous, & sous l'apparence extérieure du verrou-targette, entaille, ici désignée en pointillé; lequel verrou est vu entierement poussé dans sa gâche, ou bien, au lieu de gâche, sous le crampon M; le pointillé marque la place du verrou, lorsqu'il est retiré. On voit le petit ressort N, qui a été forcé à se courber, quand, avec un petit effort, on a poussé assez avant dans sa gâche le verrou-targette; mais lorsqu'en poussant ce verrou-targette, on n'auroit pas fait ce petit effort pour faire plier le ressort, la languette du montant L, ne seroit pas entrée dans l'entaille, & le verrou auroit la liberté de se mouvoir. De même retirant ce verrou, si l'on ne forçoit pas de l'autre sens pour faire prendre à ce petit ressort la courbe marquée en pointillé, le verrou conserveroit sa liberté.

On voit au-dessus de O, une partie du pignon qui fait mouvoir le verrou-targette, par l'extérieur de la porte.

Lorsque la combinaison est établie, & que l'on a tendu le ressort, chien ou marteau B, si l'on lâche la détente ou gachette A, la balle frappée par le bout arrondi du marteau D, parcourt les pieces de combinaison, & va frapper le ressort en tire-bouchon qui fait jouer le verrou-targette, & cette balle redescend d'elle-même à sa position E, pour être toujours prête à repartir.

La Fig. 15, est la coupe en plan par le milieu de son épaisseur, d'un des rouleaux ou pieces mobiles, dont les deux parties sont également exécutées en bois commun, ainsi que l'axe sur lequel elles sont enfilées. Il n'y a que le petit ressort qui est de métal, mais il pourroit être en bois, comme le cliquet des crecelles avec lesquelles les enfans jouent; il n'y a de fer de forge que les bouts de canons de fusils.

A, place de l'axe. B, Dimension intérieure du calibre des portions de canon du fusil; les hâchures horisontales autour de B, représentent la coupe en plan à l'une de ses extrémités de l'epaisseur des portions du cylindre ou canon de fusil. Au-dessus de C, est une languette qui est soudée au canon, & qui contient chaque portion de ce canon, de façon à ce que chacune ne puisse tourner sur elle-même, & pour faire que toutes restent toujours à plomb sur leur base dans leur position respective.

On voit la piece extérieure, aussi de bois, de deux lignes & demie d'épaisseur, & vers les trois points D, & celui G, sont marqués les quatre ressorts, dont le bout est attaché par deux petits rivets, & un lien de tôle ou fer blanc; ces liens forment sur le dehors de la partie extérieure, quatre petites plaques, chacune portant un signe différent, & entre chacune il y a 16 autres signes extérieurs, pour correspondre aux soixante & quatre crans de la partie intérieure.

La Fig. 16, est la coupe de cette piece sur les lignes D, C, E, G; on y voit la position des portions de canons, lorsqu'ils sont poussés pour contenir dans une même position, toutes les portions ou parties intérieures des pieces mobiles, &, pendant ce tems, changer celle de leurs parties respectives extérieures.

Il faut remarquer la coupe des deux cercles C, D, qui se placent entre la partie extérieure de la piece mobile, & sa partie intérieure. Ces cercles sont attachés par les goupilles E, E, à la partie extérieure, & ils frottent très-légerement contre la partie intérieure qui n'a des crans que dans son milieu; ces cercles sont pour empêcher qu'on ne puisse presser trop fort la partie extérieure contre celle intérieure, &, par-là, déranger la position respective de ces deux parties; ils servent aussi à donner de la solidité à la partie extérieure; la ligne pointillée, Fig. 15, D, C, E, G, marque la ligne sur laquelle on suppose le plan de la coupe, Fig. 16.

Un Tourneur de campagne peut exécuter, à bien bon compte, en bois, une serrure de cette espece (mais sans pistolet); son défaut, dans l'usage, est d'entamer beaucoup le bois de la porte.

PLANCHE PREMIERE.

N.° V.

CADENAT A COMBINAISONS.

LA Fig. 17, eſt la repréſentation d'un Cadenat à rouleau à combinaiſons, tel qu'il a été exécuté: il eſt formé de huit pieces mobiles ſuſceptibles, chacune, de 16 poſitions différentes; elles ſont indiquées à l'extérieur, de quatre en quatre, par les numéros 1, 2, 3, 4, dont chaque diviſion eſt elle-même ſéparée en quatre. Chacune des huit pieces mobiles, eſt en deux parties de la même conſtruction que celles qui ſeront détaillées ci-après, tant à la platine de fuſil, qu'à l'étui à cure-dent, Fig. 21, Planche I.re, & Fig. 18, Planche II. L'axe ſur lequel tournent ces pieces, eſt fort gros & creux; entre cet axe & les crans de la partie intérieure de chaque piece, ſe placent les petits parallélipipedes qui doivent être pouſſés d'une piece dans l'autre par le bouton A, pour aller pouſſer le reſſort B, du bout de la chappe, quand elle eſt fermée, & dans ſa poſition marquée par le pointillé: cette chappe eſt d'acier, & roule dans la charniere C. On voit en D, la repréſentation d'un bouton qui ne ſert qu'à figurer avec le bouton A. On remarque auprès de E, un plus petit bouton qui tient à un petit tiroir, repréſenté en coupe, Fig. 18. On diſtingue en cette Fig. 18, près de la lettre F, l'endroit où le dernier des petits parallélipipedes, pouſſe le reſſort du bout de la chappe, & comment l'autre branche de reſſort du bout de cette chappe, par ſon extrémité, pénetre dans une entaille faite au tiroir au-deſſus de la lettre G; il retient alors le petit tiroir en place, de façon qu'on ne peut pas le tirer tant que la chappe n'eſt pas ouverte ou commencée à ouvrir. On peut, alors, ſans ouvrir tout-à-fait cette chappe, tirer le petit tiroir, dont la Figure, vue en dedans, eſt repréſentée N.° 19; au-deſſous de H, eſt l'entaille où entre le petit bout du reſſort qui le retient en place. I, I, ſont deux entailles pratiquées dans les bords qui ſervent à contenir le tiroir en une place fixe. Le même tiroir eſt repréſenté en une Fig. 20, vu par dehors, & ayant retenu en dedans un papier roulé L, L, qui peut être une lettre auſſi-bien enfermée que ſous un cachet.

La combinaiſon qui paroît ici établie, Fig. 17, eſt un, douze, trois, quatorze, ſeize, onze, deux, qui correſpond entre les deux branches du croiſſant, marqué à l'extérieur au-deſſus du bouton A, 1, 12, 3, 14, 2, 16, 11, 12, ... ou la diagonale 1, 4, 2, 1, 3, 2, 1, 3, donnant 14 millions 213 mille 213. Cette méchanique eſt exécutée avec ſoin, & garnie d'or.

Les combinaiſons montent à la 8.e puiſſance, du nombre 16, ou 2 milliards 630 millions 352 mille 896 ſecrets à choiſir.

PLANCHE

PLANCHE PREMIERE.

N.° VI.

LE CACHE-ENTRÉE DE M. REGNIER.

LE Cache-entrée de M. *Regnier* eſt préciſément la même choſe que le Cadenat à rouleau de *Cardan ;* mais cet Artiſte l'a rendu ſuſceptible de combinaiſons. A cet effet, à la piece mobile ou rouleau du cadenat de Cardan, marqué des vingt-quatre lettres, M. Regnier, au lieu des lettres, a mis vingt-quatre rainures, & il a fait un ſurtout à ce rouleau, c'eſt-à-dire, une ſeconde partie à cette piece, laquelle porte, par en dedans, un ou pluſieurs tenons, qu'on place dans celles qu'on veut des vingt-quatre rainures, & c'eſt cette ſeconde piece qui, par ſon extérieur, porte les vingt-quatre lettres, de façon que chacune de ces lettres peut correſpondre, ſucceſſivement, à l'entaille de la partie intérieure où paſſe la dent de la crémaillere.

La Fig. 6.ᵉ repréſente le plan d'une de ces pieces & les deux bandes qui les contiennent. La conſtruction de M. *Regnier*, a le défaut d'exiger que toutes les parties extérieures des pieces, ſortent entierement de deſſus toutes les parties intérieures, pour pouvoir être changées de poſitions, &, par-là, elles ont l'inconvénient de pouvoir ſe forcer, de s'égarer ou ſe perdre même tout-à-fait. Au reſte, ce cache-entrée eſt très-ingénieux ; & comme il n'eſt pas pour un uſage habituel, ces inconvéniens diminuent d'autant. Ceux qui s'en ſont pourvus, en ont fait un uſage utile, en l'employant ſur l'entrée de la clef d'une ſerrure ordinaire d'armoire ou de chambre ; dans le cas de voyages, il s'attache, au moyen de deux vis qui entrent par le dedans de l'armoire, au côté intérieur de la chambre : alors on eſt aſſuré qu'on ne peut pas, dans cette ſerrure, eſſayer des clefs pour l'ouvrir. Mais pour remédier à l'inconvénient de ces pieces mobiles, dont il faut détacher une partie de l'autre ; on doit les faire faire, comme il ſera dit pour la meilleure conſtruction du méchaniſme de l'étui & de l'écritoire.

PLANCHE PREMIERE.

N.° VII.

ÉTUI A CURE-DENTS.

FIGURE 21e, est la coupe, sur sa longueur, d'un étui à cure-dents à combinaisons, dans lequel l'on peut enfermer une lettre roulée. Cette Figure représente la grandeur naturelle de cette méchanique.

Les trois A, A, A, sont le couvercle de l'étui : le petit pointillé sablé marque l'épaisseur remplie en bois de canne, en carton ou en liége ; les doubles traits, avec des petites hâchures, marquent l'épaisseur du métal qui forme tant l'extérieur que l'intérieur de l'étui ; mais ce métal a moins d'épaisseur que le dessin n'en représente. Vis-à-vis de B, est renfermé le tétiau à coche ou à encoche, qui arrête le couvercle en place, tant que le ressort n'a pas rappellé un crochet qui le retient fixe. Le C, marque une partie de même dimension que les pieces mobiles, mais qui est fixe, & dans une portion de laquelle est un ressort, qui, étant poussé, rappelle le crochet qui renferme le tétiau B. Les quatre D, offrent la coupe des quatre pieces mobiles. E, est le bouton coulant qui peut aller de E, en F, lorsque tous les petits verrous ou parallélipipedes, marqués chacun par des hâchures de biais, à droite ou à gauche, alternativement aux extrémités des lignes où l'on voit la lettre C, peuvent se trouver exactement au bout l'un de l'autre, sur la même direction que le talon du bouton E, lequel poussant ces petits parallélipipedes, ceux-ci pousseront le ressort figuré près de H, dans la partie fixe C, lequel ressort fait lâcher le crochet B, du couvercle qui le retient en place. Ce ressort sera représenté en grand avec l'écritoire.

Les deux I, I, indiquent la coupe de l'extrémité du bas de l'étui, portant la gravure d'un cachet dans le creux L. On voit en M, l'extrémité de la gorge ou goulot de l'étui, sur lequel entre le couvercle, & cette gorge ne va pas jusqu'au fond de ce couvercle, afin que, quand celui-ci sera tiré, l'on ait de la prise & de la facilité pour en faire sortir plus aisément la lettre qui auroit été mise roulée dans l'étui, & qui y seroit entrée avec un peu de force.

Fig. 22, est la coupe sur la largeur de l'étui par la ligne N, D, Fig. 21.

Fig. 23, représente partie de la même coupe, mais sur une échelle six fois plus grande, afin qu'on puisse mieux connoître chaque partie de ces pieces mobiles, & la dimension qu'il faut donner à chacune de leur portion.

A, partie de l'axe ou du cylindre creux, servant d'axe. B, partie intérieure de la piece mobile qui peut être creuse, & qui, en grand, doit l'être dans son intérieur ; cette partie doit recevoir dans un emplacement C, un petit verrou méplat ou équarri, ou bien parallélipipédique, & de toute la longueur donnée à la piece mobile ; ce verrou ou parallélipipede, est ici tracé en perspective, Fig. 24 ; mais seulement sa longueur de A, jusqu'à B, n'y est que double, & le reste est six fois plus large & plus épais qu'à la Fig. 21. Il est ici marqué en perspective, Fig. 25, ainsi qu'il est de grandeur naturelle pour la Fig. 21.

Dans la Fig. 23. D, D, sont des renflements qui doivent être observés à ces parties des pieces intérieures, afin que les parties extérieures, qui les renferment, puissent appuyer contr'elles, sans être, seulement & uniquement, contre-tenues & supportées par des ressorts qui ne serviront qu'à fixer & arrêter les deux parties ensemble, dans une certaine position choisie.

E, F, ressort d'acier ; le bout E, arcboute sur un des crans intérieurs de la partie extérieure, & le bout F est attaché par deux vis ou goupilles à la partie intérieure.

G, G, G, désignent les talons formant le cran de l'intérieur des parties extérieures des pieces mobiles, lesquels talons frottent exactement contre les renflements D.

H, est le côté extérieur des parties extérieures des pieces mobiles, & sur lequel sont tracés les signes indicatifs. Ces côtés, ou côtés extérieurs, peuvent n'être pas marqués comme il sont représentés, & cette circonférence être exactement circulaire, ainsi que les divisions simplement tracées.

Na. Dans cette coupe, sur une échelle sextuple, les dimensions sont dans la proportion qu'elles doivent avoir dans la grandeur naturelle, Fig. 21 ; mais pour exécuter en grand cette méchanique, & comme elle l'est en écritoire, toutes les parties depuis l'extérieur H, jusqu'à l'intérieur A, doivent avoir la moitié moins d'épaisseur qu'il en paroît ici.

A l'égard de la façon dont doit jouer le ressort B, Fig. 21, la Figure du ressort qui est employé à l'écritoire, représenté en grand, montre, entre plusieurs autres qu'on peut choisir, la façon qu'on a préféré d'employer en grand.

PLANCHE PREMIERE.

N.° VIII.

ÉTUI A CURE-DENTS, PAR DÉSENGRÉNEMENT.

EXPLICATION *des moyens d'exécuter le Méchanisme de combinaison, pour un Etui à Cure-dents, Cache-entrée, ou Cadenat à rouleau, par le desengrénement, & qui est à préférer a celui du frottement à ressauts, & sur-tout, à celui du frottement simple.*

IL faut que la partie extérieure de la piece mobile, celle-là que l'on marque à son extérieur, ou par des lettres de l'alphabet, ou par d'autres signes, porte à son intérieur des dents qui aient chacune, de dimension, du sens de l'épaisseur de la piece, un peu moins que la moitié de cette épaisseur. *Voy.* Fig. 26, lettre D. (*J'entens ici par épaisseur des pieces mobiles, la dimension qu'elles ont du sens de la longueur de l'étui, dimension d'environ 4 lignes*).

Il faut que ces dents soient au moins au nombre de trois; qu'elles portent & frottent légerement (au moins par la moitié de leur dimension du sens de l'épaisseur de la piece) sur l'épaisseur de la partie intérieure de cette piece.

Sur cette partie, marquée par son dehors de la lettre B, il faut que cette partie intérieure de la piece porte autant de dents C, que la partie extérieure aura de marques; & ces dents de la partie intérieure doivent être sur un des bords, & n'avoir (du sens de l'épaisseur de la piece) que le quart de cette épaisseur. *Voyez* Fig. 26, lettre C.

Il faut observer de faire en sorte, que les dents intérieures de la partie extérieure de la piece, entrent bien également & facilement, avec autant de justesse qu'il est possible, indifféremment dans tous les espaces entre les dents saillantes C, de la partie intérieure de cette piece.

Lorsque la combinaison sera établie, & que les petits parallélipipedes, qui sont dans la partie intérieure de chaque piece, auront été poussés de la moitié de leur grandeur d'une piece dans l'autre, & que par-là ils auront fait jouer le verrou, de façon que le couvercle sera, ou ôté ou seulement avancé, cela donnera la liberté à la couverture extérieure du rebord de l'étui près du couvercle marqué C, Fig. 21, de pouvoir être poussée, comme est représentée la partie extérieure d'une de ces pieces mobiles, Fig. 26, où l'on a marqué, en pointillé, comment de E, la partie extérieure a été poussée jusqu'en F, & comment elle ne peut pas aller plus avant, étant arrêtée par un rebord fixe marqué au bout de la ligne G; alors on poussera, en même-tems, toutes les parties extérieures de chacune des pieces mobiles vers ce couvercle, & on poussera aussi, avec elles, la couverture du rebord de l'étui, de l'étendue de la moitié environ de ces pieces mobiles; alors les parties intérieures des pieces mobiles étant assujetties par le moyen des petits parallélipipedes qui entreront à moitié de l'une dans l'autre, on aura la liberté de faire tourner les parties extérieures de ces pieces mobiles, comme on le voudra, & d'établir, par conséquent, une nouvelle position entr'elles & leurs parties intérieures, c'est-à-dire, une nouvelle combinaison, sans crainte de perdre aucune piece, & sans l'embarras de les défiler & les renfiler comme au cache-entrée de M. Regnier.

La portion de l'étui, Fig. 26, G (qui termine son rebord contre la gorge, rebord sur lequel porte le couvercle) doit être, par la partie intérieure A, stable & tenant à cet axe creux & commun aux pieces mobiles, dont l'intérieur forme le dedans de l'étui; mais elle doit être recouverte d'une partie extérieure, qui n'y soit point adhérente, & qui ne puisse avoir d'autre mouvement que vers le couvercle, pour, lorsqu'il est ouvert, y être poussé, si l'on veut, de l'étendue de la moitie de l'épaisseur des pieces mobiles, sans pouvoir jamais sortir plus avant, comme il est ici marqué de E en F, & jusqu'au-dessus de H.

Pour faire mouvoir & pousser les petits parallélipipedes, lorsque la combinaison est établie, on peut aussi éviter d'avoir un bouton saillant, comme celui représenté à la Fig. 21; bouton coulant sur lequel il faudroit tenir le doigt pendant qu'on change la combinaison; à cet effet, il suffira donc d'établir une coulisse dans la plaque qui porte le cachet, laquelle coulisse, (étant par son dedans de la forme d'un petit pêne) lorsqu'elle sera poussée & coulée d'un côté, fera remonter le petit pêne perpendiculaire ou parallélipipede, lequel, à son tour, poussera les autres parallélipipedes. Mais cette plaque de fond ne pourra jamais couler, que lorsque le petit pêne perpendiculaire pourra, lui-même, remonter; ce qu'il ne pourra faire que quand la combinaison choisie sera établie.

Dans la Fig. 26, on voit en A, la représentation de la coupe de la partie intérieure de la derniere piece, laquelle partie est fixe, & celle extérieure G n'est que glissante & non tournante; elle paroît en dehors de la lettre H. Les lettres D, E, représentent une partie extérieure de la piece mobile la plus près de la partie fixe, (ou du moins non tournante) du haut de l'étui; & pour éviter la confusion, on n'a point marqué sa partie intérieure en D, E. C'est en B, que l'on voit la représentation de la coupe de la partie intérieure d'une seconde piece mobile ; & à celle-ci, pour éviter également la confusion, on n'a pas marqué sa partie extérieure. On voit en C, une des trois ou quatre dents qui se placent entre celles de la partie extérieure, marquée D (1). Les pointillés dénotent la place des parallélipipedes, qui font la continuation du pêne perpendiculaire : & au-dessous de H, on voit le bout du dernier parallélipipede qui agraffe ou accroche la partie saillante du rebord du couvercle, afin de le retenir en place.

La Fig. 27, est le plan de la plaque du fond, supposée être séparée du cylindre, & vue en dedans, & qui porte le pêne en coulisse, lequel coule dans cette plaque qui porte le cachet. Cette coulisse est ici poussée & dans le moment où elle vient d'agir sur le pêne perpendiculaire, comme elle doit faire chaque fois que l'on peut changer la combinaison, & comme la représente, en profil, la Fig. 29.

La Fig. 28, est le plan extérieur de la plaque qui montre la gravure du cachet, & la face de la coulisse qui se trouve apparente.

La Fig. 29, est la coupe sur la ligne A, B, Fig. 27, du fond de l'étui, & de cette plaque du fond qui porte le cachet, vu ici dans le tems que la coulisse est poussée, & qu'elle tient le pêne perpendiculaire remonté.

On voit sur la droite de A, le biseau du pêne perpendiculaire qui est soutenu par le renflement de la coulisse ou pêne horizontal. On a tracé en ligne & en pointillé dans cette Fig. 29, le bout de ce pêne perpendiculaire, pour faire voir jusqu'où il se retire ou redescend lorsque la coulisse, ou pêne horizontal, est rentrée.

La Fig. 30, est la coupe du même fond sur la ligne C, D, de la Fig. 27, pour faire voir la forme des rebords du pêne horizontal, rebords qui forment la languette qui glisse en coulisse.

Ici, de même qu'à l'étui, Fig. 21, on a représenté la matiere qui forme l'épaisseur du corps de l'étui, par de petits pointillés, & par de petites hâchures, le métal qui la recouvre.

(1) Observez toujours qu'on n'a point marqué la course de la partie intérieure d'une piece, sous sa partie extérieure, pour plus de netteté dans la Figure.

PLANCHE

PLANCHE SECONDE.

N.° IX.

EXPLICATION DE L'ÉCRITOIRE-PORTE-FEUILLE.

LA totalité de l'écritoire forme, à son extérieur, un cylindre de près de trois pouces de diametre, & de seize à dix-sept de longueur, recouvert de chagrin, garni de boutons & charnieres, &c. ainsi que de petits clous argentés ou dorés, qui servent à marquer les combinaisons,

La partie où est la méchanique, occupe cinq pouces de long; cet espace est partagé en six divisions égales; celles des êxtrémités sont fixes & attachées sur l'axe commun; les quatre autres sont les quatre pieces mobiles, construites dans le goût de celles de l'étui. Imaginez la représentation de ces pieces sur l'échelle, six fois plus grande que l'étui à cure-dents, Fig. 21, Planche I.

La division d'en bas est celle où est placé le bouton-coulisse, qu'il faut pousser de bas en-haut lorsque la combinaison est établie; ce bouton, étant poussé, & commençant déjà à monter, presse par un talon contre un petit ressort, lequel retire un tétiau, qui (pénétrant dans le cylindre intérieur qui forme la boîte ou le corps particulier de la partie contenant le cornet & le poudrier, avec les pains à cacheter, ou bien une éponge) retient cette boîte lorsque le bouton-coulisse, n'étant pas du tout poussé, lui laisse la liberté de pénétrer dans une ouverture faite à ce *cylindre ou boîte.* Ouverture que fait voir la Fig. 1.re, au-dessus de la lettre A, & au dessous de la même lettre, aux Fig. 4 & 4 *bis*.

Le bouton à coulisse a déjà commencé, alors, à communiquer son mouvement aux petits corps ou parties de verrous, ou parallélipipedes qui sont dans les quatre pieces mobiles; mais le haut de l'écritoire, la partie faisant porte-feuille, ne peut encore se séparer ni s'ouvrir; il faut, pour qu'elle le sépare, que le bouton-coulisse soit poussé de presque toute la moitié de l'épaisseur des pieces mobiles; il acheve, alors, de faire sur le ressort renfermé dans la sixieme partie, un appui suffisant, pour que ce ressort, à deux branches égales, soit suffisamment poussé par son milieu, de façon que ses deux extrémités, qui étoient saillantes de deux à trois lignes, rentrent dans l'intérieur de cette sixieme piece. La Fig. 2, représente dans leurs deux positions différentes, & le bouton-coulisse en A, dans la premiere piece, & le ressort à deux branches en D, dans la sixieme. On n'a représenté, entre les deux pieces fixes, que la place d'une des pieces mobiles, au lieu des quatre qui sont à l'écritoire qu'on décrit; & pour le jeu des deux ressorts, on a gravé du côté droit, leur position, lorsque l'on tient la méchanique ouverte, & du côté gauche, la position où ils reviennent aussi-tôt qu'on lâche le bouton-coulisse, position où, alors, on peut refermer la méchanique, en interrompant la correspondance, de la piece premiere à la piece sixieme, par le changement de position d'une ou de toutes les quatre pieces mobiles.

Le ressort à deux branches n'est poussé par son milieu, qu'un peu avant la fin du mouvement du bouton-coulisse; d'abord, le bout de petit verrou de la piece fixe, fait un effort contre un ressort en tire-bouchon, qui obéit assez pour l'ouverture du corps qui porte le cornet; c'est alors que ce ressort à tire-bouchon étant resserré, pousse sur le milieu du ressort à deux branches, lesquelles trouvant de la résistance aux deux passants qui l'entourent & qui sont représentés par des points noirs, au-dessous de la lettre C, se trouve obligé d'obéir & de retirer ses extrémités saillantes B.

La Figure 1.re, représente le corps particulier de l'écritoire ou cornet, sorti du cylindre creux qui forme l'axe de la méchanique; corps particulier d'encrier, dans lequel il se trouve trois compartimens; l'encrier à la Baradelle est dans le milieu, & s'enleve, si l'on veut, ainsi que le poudrier: le troisieme compartiment, marqué en B, n'a qu'un couvercle à charniere, ou pivot.

La Fig. 3, est la coupe du poudrier & de la boîte, sur la ligne E, F.

La Fig. 4, est la vue de celle des deux extrémités du corps particulier qui porte l'encrier, &c. telle que ce bout paroît en dehors; on voit sous A, en pointillé, la place du trou dans lequel doit entrer l'extrémité du ressort qui se retire par le commencement de l'effet du bouton-coulisse, lorsque la combinaison étant établie, ce bouton est un peu poussé pour ouvrir; il faut alors retirer ce corps particulier, ou porte-encrier; car, si l'on pousse plus loin le talon du bouton-coulisse, il fait échapper le ressort, & l'on pourra, alors, ouvrir la partie supérieure, mais sans pouvoir faire sortir le corps qui porte l'encrier; & pour le faire sortir, il faudra ramener le bouton-coulisse, au point où son talon portera sur le ressort. On voit autour de B & C, la figure de deux anneaux, qu'on peut rapprocher, pour tirer plus aisément le corps de l'encrier, lorsqu'il a sa liberté, & qui peuvent servir aussi à suspendre l'écritoire-porte-feuille, une fois qu'elle est fermée par l'effet de la combinaison.

A la Fig. 4 *bis*, on voit, en B & C, deux petits bouts de pêne en biseau, servant de pieds pour donner, sur quatre points, une assiete fixe à ce corps; ces petits pieds sont attachés à une plaque poussée vers le bas par deux petits ressorts D, E, dont on voit l'emplacement en pointillé lorsque les pieds, faits en biseau, sont forcés de rentrer aussi-tôt qu'on remet ce corps en place dans le cylindre du méchanisme; on voit l'endroit des quatre pieds, Fig. 1.re, en C, D, E, F.

La Fig. 5, est la vue en profil de cette même extrémité de la boîte ou corps particulier. On a tracé en A, les anneaux réunis qui donnent prise à tirer le corps particulier, & l'on y voit passé un ruban, par lequel tout peut rester suspendu solidement.

La Fig. 6, est, sur une échelle un peu plus petite, la représentation de la partie qui fait porte-feuille. On voit en A, sa gorge inférieure qui entre dans la sixieme partie supérieure & fixe de la méchanique; une portion de cette gorge marquée B, Fig. 6, est vue plus en grand, Fig. 7; on peut y remarquer en A, l'entaille horisontale dans laquelle on fait entrer un crampon placé dans l'intérieur de la sixieme partie fixe, & le pointillé qui est au-dessous à côté de A, est la marque de la coulisse perpendiculaire, par laquelle le crampon doit entrer jusqu'à la hauteur de la coulisse A. On conçoit que c'est la même façon dont s'ajuste la bayonnette à douille. On voit en B, où entrent les têtes du ressort à deux branches, lesquelles, étant placés, empêchent qu'en tournant, on ne puisse ramener les crampons de la coulisse A, vis-à-vis des ouvertures ou coulisses perpendiculaires marquées en pointillé, par lesquelles ils sont entrés. On apperçoit, dans cette Fig. 6, le couvercle levé, & qui se tient dans cette situation, par l'effet d'un petit ressort représenté près & à côté de la lettre C.

On voit près de D, la Figure du bouton d'attache ou moraillon, en forme de dard, lequel entre dans la partie inférieure pour la tenir fermée.

La Figure 8, sur une échelle de moitié de la grandeur naturelle, offre la méchanique de ce moyen de retenir un moraillon. A, est le bouton d'attache ou moraillon. B, C, montrent le dessin d'un des deux grands ressorts ou crochets, dont un des deux, celui-ci, recule au moment où il laisse la liberté au moraillon; l'autre côté indique la position à laquelle les ressorts D les ramenent aussi-tôt que le bouton, en forme de cœur, est monté de la position inférieure à celle supérieure, toutes deux marquées E. Ce bouton (en cœur) tient à une petite tringle, dont l'extrémité descend jusques dans la gorge inférieure de la portion du porte-feuille, près de la lettre F, Fig. 6; il est contenu par les petits passants G, & recouvert du carton & du parchemin, qui double l'intérieur de la partie porte-feuille, qu'on a représenté ici ouvert ou déchiré. Cette partie, ce tuyau rond est le porte-feuille qui sert à mettre le papier, les plumes, la cire, le canif, &c. il a environ dix pouces de profondeur, sur trente-une à trente-deux lignes de diametre, dans la piece exécutée.

PLANCHE SECONDE.

N.o X.

SERRURE POUR UNE PORTE A DEUX BATTANS.

CETTE méchanique, de la dimension dont elle est exécutée, est représentée ici de la moitié de sa grandeur naturelle, en vue, Fig. 9, comme elle paroît lorsque, détachée de sa place, on a enlevé la plaque de fond qui touchoit contre la porte, & sur laquelle sont attachées les branches qui, le long des montans, vont faire mouvoir les petits verrous du haut & du bas de la porte.

La forme donnée au petit pêne du demi-tour, est telle, afin que son moteur A, se trouve au tiers de la hauteur de la serrure, ainsi que celui B, (du pêne dormant à deux têtes) sur l'autre tiers; ce pêne du demi-tour porte, au-dessous, du côté ici apparent, un petit tétiau placé sous l'endroit marqué C, & sur lequel un tenon du coin du pêne dormant, désigné ici sous la lettre D, vient s'appuyer lorsque ce pêne dormant est entiérement poussé dans sa gâche, de façon qu'alors le demi-tour n'a plus de mouvement; mais quand le pêne dormant, ici représenté dans le milieu de sa course est rentré à moitié ou tout-à-fait, ce demi-tour a la liberté de rentrer, & son moteur le rappelle également en tournant en dehors ou en dedans. A chaque mouvement, ce petit pêne fait ouvrir les verrous du haut & du bas, auxquels son mouvement est communiqué par le canal marqué au bout de la ligne E, qui passe au travers de la plaque, de recouvrement, laquelle porte les branches des verrous; ce canal est en écrou, & les branches des verrous y sont assujetties par une vis.

Le penneton, moteur du pêne dormant à deux têtes, est représenté ici en pointillés sous ce pêne, entre G, & H, dans la place où il se trouve; lorsque ce pêne est au milieu de sa course, il est sous la lettre F, lorsque la serrure est ouverte, & à la gauche de G, quand elle est fermée; il agit entre deux tétiaux, dont la position est sous les lettres G, H.

On voit en I, un pivot qui porte la bande porte-obstacle, sur laquelle il faut que vienne passer le tétiau du pêne dormant, pour que ce pêne puisse se mouvoir; ce qu'il ne peut pas faire quand le porte-obstacle ne trouve pas, sous ses quatre dents, ici figurées en L, L, L, L, les entailles des pieces mobiles.

On trouve au bout de la ligne M, en tracé & en pointillé, la figure du ressort qui fixe toujours le petit pêne en dehors; au bout de la ligne N, est représenté l'écrou qui maintient le petit pêne sur sa languette en coulisse; la coulisse qui assure en place le pêne dormant, n'est point apparente par ce côté.

On sent bien que, dans cette description, il n'y a rien jusqu'ici qui ait rapport à la méchanique de combinaisons; elle est entiérement renfermée dans la petite boîte attachée à celle de la serrure, au moyen des deux tenons au bout des lignes O, P; cette méchanique y est dessinée en vue, apperçue un peu obliquement, & présentant la face qui apparoît au dehors de la porte de l'appartement, formant un quadrilatere de 14 lignes sur 12 environ. Sur ce côté, comme en dedans, paroît également l'extrémité des deux pignons A, B; le premier, garni d'une boule, ou d'une main, ou poignée; le second, d'une espece de grosse aiguille de pendule qu'il faut pousser avec le doigt, pour le gros pêne; l'un & l'autre représentés Fig. 12, en B, C.

La Figure 10, est, de grandeur naturelle, la représentation, en vue & de côté, de la méchanique même (on suppose le côté de cette boîte particuliere enlevé). On voit trois axes-A, B, C, qui, chacun, porte quatre pieces. Sur l'axe A, il y a quatre roues dentées à douze dents, & à côté de chacune de celles-là, il y en a une de même épaisseur, mais ayant plus de diametre, & seulement six dents, cette roue attachée & unie à celle à douze dents. Ce sont seulement les six dents qui successivement débordent la boîte vers D, & comme les roues a six dents sont attachées de façon à ce qu'elles correspondent avec celles à douze, celles à six dents paroissent numérotées des nombres impairs. Les roues, à douze, engrénent dans d'autres de même dimension sur l'axe B, & celles-ci communiquent le mouvement aux roues d'un diametre double qui sont sur l'axe C, & qui ont vingt-quatre dents.

Il faut observer que quand deux roues s'engrénent, l'une tourne du sens opposé à l'autre; & pour que, dans un nombre d'engrénage de suite, les roues des extrémités tournent de même sens, il faut qu'elles soient en nombres impairs.

Pour suppléer à la vue, les compteurs sont employés. On voit marqué sur la premiere des roues à vintg-quatre dents, à côté de la lettre E, un petit tenon; il y en a deux auprès de la lettre P: au passage de la dent, à un petit tenon seul, en comptant un, on comptera treize sur la dent où sont les deux petits tenons, ou bien on recommencera à compter un de la seconde douzaine, ou bien, si l'on a appellé la 1.re A, on appellera la 13.e N. Pour suppléer encore à l'oreille, on est averti dans quelle douzaine on sent le mouvement de l'engrénage, au moyen d'une balançoire, ou d'un *va-qui-vient*, lequel frappe une fois ou deux fois de 12 en 12.

On apperçoit au-dessous de G, un petit tuyau soudé au coin de la boîte, dans lequel passe une pointe d'aiguille un peu émoussée, qui se tient naturellement à fleur de la boîte de la serrure, en dedans de la chambre, & qui vient à saillir en avant aussi-tôt que le bout du ressort, figuré au bout de la ligne H, est frappé par le tenon seul E, ou par les deux tenons P. Chacune des quatre roues est également garnie de ces tenons & d'une branche H, du même ressort, pour faire aller le *va-qui-vient* à chaque douzaine.

On voit en I, un autre ressort à quatre branches; elles sont frappées à chaque dent qui passe, & ces branches, ou dents de ressort, rendent un son assez clair au moyen de leur longueur : ce ressort est attaché sur la petite boîte, dont le dessus L, & le dessous M, sont joints ensemble du côté des grandes roues, par les quatre bandes qui passent entre chacun des engrénemens des roues ; ces bandes servent à les contenir (ces roues) pour engréner avec précision sur celles du milieu ; l'autre bout de la petite boîte est formé par la continuation du dessus & du dessous, percés de quatre ouvertures, pour laisser passer les pointes des dents des roues à six dents, comme elles paroissent vers D.

La Fig. 11, sur une échelle de moitié ou de six lignes pour pouce, est la représentation de la plaque qui ferme le côté de la boîte. A, B, C, sont les entailles qui portent l'extrémité des axes sur lesquels tournent les roues. D, E, indiquent un ressort vu de profil, qui tient relevée la piece porte-obstacle; l'extrémité E, de ce ressort se trouvant d'équerre sous l'extrémité Q, Fig. 9, du porte-obstacle I, Q.

On distingue en cette Fig. 11, F, G, les trous où doit entrer l'extrémité des tenons de la boîte, lesquels sont marqués O, Fig. 10.

Dans la même Fig. 11, H, I, montrent la coupe de la plaque du dessus de la boîte de la serrure, laquelle se trouve apparente dans la chambre, plaque sur laquelle s'attache la petite boîte de la méchanique.

La coupe de cette même partie apparente de la serrure est représentée, Fig. 10, aux lettres Q, R.

On trouve dans la Fig. 12, sur une échelle de trois lignes pour pouce, sous la lettre A, les trois bandes qui laissent quatre intervalles pour la saillie des dents des quatre roues, au-delà de la plaque de face de la serrure qui est apparente au-dedans de la chambre. Dans la Fig. 10, on voit la partie des dents qui déborde à la lettre T; c'est sur ces dents qu'on appuye pour chercher la combinaison. Dans le fond, & entre chacune de ces dents, est figuré le n.° ou la lettre. Douze de ces fonds, entre les dents, sont peints en noir, douze sont en rouge, pour répondre aux deux tours des petites roues.

A la Fig. 11, on voit des hâchures au-dessous de C, & au-dessus de F, F, représentant la coupe de l'épaisseur du bois de la porte, & la grandeur de l'entaille qu'il y faut pratiquer, & en L, & M, est la plaque d'entrée, du côté du dehors, qui est attachée au bois.

Dans cette méchanique, la partie extérieure de chaque piece mobile, n'a qu'un peu plus du tiers du total de son épaisseur, & c'est la partie intérieure qui porte dans la moitié de son épaisseur, l'entaille où doivent entrer les dents du porte-obstacle, pour que le pêne dormant puisse se mouvoir.

La Fig. 13, est, de grandeur naturelle, la coupe de ces pieces à 24 dents, dont le plan est représenté par la vue de la Fig. 10, où l'on apperçoit en S, le plan de l'entaille dans laquelle doit entrer une des dents du porte-obstacle; dans cette Fig. 13, le porte-obstacle est représenté avoir fait pénétrer ses dents dans les entailles, le renflement ou tétiau du pêne étant en B, c'est-à-dire, en marche pour aller de A, son repos (la méchanique étant ouverte), pour arriver au repos de fermeture en C. Les hâchures recroisées marquent la partie intérieure de chaque piece mobile; les hâchures obliques offrent leur partie extérieure, qui portent les 24 dents à leur extrémité près D, auprès duquel on remarque les petits tétiaux indiqués, Fig. 10, E, P, pour avertir des douzaines.

La Fig. 14, représente toute la partie de serrurerie ordinaire séparée du méchanisme de combinaisons; on y voit le porte-obstacle avec ses quatre dents, dans la position marquée, Fig. 13.

Il n'y a rien dans cette Fig. 14, qui ne soit dans toutes les bonnes serrures ordinaires de portes de chambre à deux battans, & tout ce qui forme la méchanique de combinaisons, est renfermé dans la petite boîte qui peut se lever & se détacher aisément.

C'est cette petite boîte qui tient lieu de l'entrée de la clef, de ressort, de foncet &c., & de toutes gardes & garnitures, ainsi que de toutes les clefs qu'on auroit, à porter, à soigner, ainsi que de celles qu'on pourroit casser, perdre ou égarer tant que durera la serrure. Or c'est donc seulement ce méchanisme ici qui doit être comparé pour l'usage, & pour le prix, avec celui de l'art de la garniture des serrures, de la fabrication des bonnes clefs, de la perte de ces clefs, ainsi que, dans ce derniers cas, de leurs remplacemens, & qui doit être aussi balancé avec la crainte qu'on ne retrouve les anciennes, ce qui oblige à rechanger les gardes & garnitures à chaque nouvelle clef perdue ou seulement même confiée un moment, trop légerement, & qu'on voudroit retirer. Il en est de même quand on retrouve une clef qui a pu avoir été copiée & imitée pendant qu'elle étoit égarée, ou de laquelle on auroit pris toutes les empreintes nécessaires pour en faire faire une pareille, ce qui peut s'exécuter en bien peu de tems.

La Fig. 12, est la serrure vue en dedans de la chambre; & la Fig. 15, représente toute la porte, sur une échelle de 3 lignes pour pied, & entre A, B, C, D, c'est la Fig. 12, en petit.

On voit, Fig. 12, sous la lettre A, une partie des dents des quatre roues à 24 dents. En B, la pomme ou boule pour ouvrir le demi-tour. En C, une aiguille épaisse, inclinée vers les gonds de la porte, quand le pêne dormant est ouvert, & inclinée de l'autre côté quand il est fermé, comme dans cette Figure. Au-dessus & au-dessous de ces deux pignons, sont les tringles-verrous qui font agir les petits pênes du haut & du bas, contenus sous leurs passants : voyez Fig. 15, lettre E, F.

Cette

Cette partie de ferrure a de dimension, en fus de celle qui ne fait que la gâche, toute l'épaisseur de la languette qui forme le recouvrement de la partie battante de la porte sur celle dormante, & cette languette est figurée sur la boîte de la ferrure, pour représenter les deux parties égales à droite & à gauche de cette languette.

Le côté de la gâche est ici supposé transparent, afin de faire voir au dedans de cette gâche la figure d'un pignon denté qui engrène les crémailleres D, E. Les verrous haut & bas sont tracés fermés; on voit qu'en baissant la pommelle, marquée au bout de la ligne G, Fig. 15, ou en levant celle au bout de la ligne B, même Figure, ou mouvant toutes les deux en même-tems les verrous, qui, du haut & du bas, tiennent arrêté le montant, par leur saillie, pourront se rapprocher, & se mettre au niveau du bois de la porte, & que le dormant pourra s'ouvrir; mais alors les tenons du côté opposé de la crémaillere d'en haut, qui sont, l'un vis-à-vis de E, l'autre vis-à-vis de F, descendront vis-à-vis de l'entrée des têtes du pêne dormant, lequel ne pourra plus entrer dans sa gâche. L'on voit que si ce pêne dormant étoit déjà dans sa gâche, comme il est ici marqué, les pommelles ne pourroient plus faire agir les verrous, parce que les têtes des pênes dormants les empêcheroient de se rapprocher.

On voit, Fig. 15, la place des petites boîtes du haut & du bas du battant de la porte, où sont les pênes à biseau que fait mouvoir la pomme B, Fig. 12, par le moyen d'une bascule.

Cette serrure est exécutée; tout ce qui est ouvrage ordinaire de Serrurier, y compris les verrous, est en fer poli; le dedans de la boîte est de fer *bleussi*; elle est recouverte, en cuivre, du côté de la chambre, ainsi que la gâche, les passans & les petites boîtes des demi-tours haut & bas. Le prix dont seroit le méchanisme de combinaison pour une semblable fermeture de porte, au lieu d'y employer celui des serrures ordinaires, c'est-à-dire, de toutes clefs, gardes & garnitures, ce prix, dis-je, ne feroit pas une différence dans sa valeur, peut-être seroit-il moindre.

Je puis, avec une semblable fermeture de porte, dire à quelqu'un : à telle heure vous entrerez chez moi par telle combinaison A, B, C, D. Je dirai à un second : vous entrerez une demi-heure plus tard par celle-ci E, F, G, H, combinaison que j'aurai eu soin d'établir aussi-tôt après que le premier sera entré. J'établirai, après que le second sera entré, I, L, M, N, & je ferai entrer un troisieme, à qui j'aurai donné cette clef, sans avoir confié à personne une piece qui puisse lui servir autrement que pour tel jour & à telle heure, sans craindre que des gens qui seroient dans mon antichambre puissent entrer, ni gagner quelque domestique pour leur ouvrir la porte, &, enfin, sans que ceux qui seroient chez moi, pussent sortir autrement qu'avec ma permission ou par effraction.

Rien n'est si aisé que de faire en sorte qu'une serrure ne puisse pas se lever, à moins que la porte ne soit ouverte; un des expédiens des plus aisés, c'est, comme à celle-ci, qu'elle soit tenue par des vis dans l'épaisseur de la porte, & que l'autre bout de la boîte soit retenu fermement en place contre le bois, par le moyen d'un petit ressort désigné près de la lettre A, Fig. 14, lequel tiendra à une petite tringle, & celle-ci aboutira aussi entre les deux vis dans l'épaisseur de la porte; il faudra pousser ou tirer son extrémité, pour faire lâcher le ressort quand les deux vis seront levées; mais aussi, alors, si l'on est dans la chambre, & que l'on ait perdu sa combinaison, il faut briser la serrure, ou les gonds, ou la porte même.

PLANCHE SECONDE.

N.o XI.

SERRURE EN GLACE.

Fig. 16. Cette Méchanique a été exécutée pour remplir le Problême suivant :

PROBLÊME.

FAIRE une Serrure à combinaisons pour un cabinet.

1.° Qu'elle puisse varier dans plus de 150 mille combinaisons par dehors ou par dedans.

2.° Qu'on n'emploie pas de clef, mais un seul pignon.

3.° Qu'on voie aisément toute la méchanique & son jeu.

4.° Qu'elle fasse saillir un pêne de 12 lignes de longueur, & d'autant de largeur, & de 6 lignes d'épaisseur.

5°. Qu'elle soit renfermée dans une boîte de moins de trois pouces, d'un sens ; de moins de quatre, de l'autre, & d'un pouce d'épaisseur.

La Fig. 16, est la vue d'une serrure exécutée d'une dimension double de celle ici représentée ; de ses six côtés, trois sont en fer, dont deux polis dehors, & tous les trois dorés en dedans ; les trois autres côtés sont en glace ; le pêne est en fer poli, ainsi que le ressort & le porte-obstacle ; le pignon qui fait mouvoir les pieces mobiles est un acier, *bleussi*, & les deux pommes de même, gravées & damasquinées en or de différentes couleurs ; les pieces mobiles sont exécutées en cuivre doré.

Le pignon à dent passe successivement d'une des quatre pieces à l'autre, & va ou revient à volonté, en le poussant ou le tirant ; mais il va toujours par secousse ayant des étranglemens éloignés à une distance égale à celle qui se trouve entre l'engrénement des quatre roues entr'elles, afin que ce pignon arrive juste dans l'engrénement de chacune ; les ressauts sont occasionnés par deux petits ressorts qui forment un ovale horisontal, dans lequel seul, les parties étranglées du pignon tournent à l'aise : cet ovale est formé entre la serrure & le bois de la porte, & ne paroît pas dans la boîte ; sa méchanique est la même qu'aux sacs de Cavagnole. Le pêne se remue par dedans au moyen du bouton à coulisse, représenté en A. Il a fallu, pour que la place de la jonction de la coulisse au pêne pût être cacheé, que cette coulisse débordât un peu la boîte vers B, lorsque le pêne est rentré : ce manque de perfection n'étoit pas défendu.

Ce pêne reçoit son mouvement par le dehors, au moyen d'un bouton en forme d'un gland, qui saillit hors de la porte ; il est au bout d'une branche plate, placée horisontalement, laquelle a son pivot perpendiculairement auprès du point d'attache du gland, presqu'à fleur du dehors de cette porte ; & l'extrémité de l'autre branche plate, entre jusques dans la boîte, entre deux tétiaux ou boutons attachés au pêne, sur lesquels boutons elle frote, par une roulette qu'elle porte à son extrémité. Dans le tems que le gland ne fait qu'aller de droite à gauche, l'autre extrémité décrit une portion de cercle, dont la corde est de douze lignes, ce qui fait saillir d'autant ce pêne. Ce gland est au-dessus de la pomme du pignon, laquelle sert de point d'appui pour pousser avec le pouce la tête du gland, d'un côté pour ouvrir, ou de l'autre pour fermer. Le pêne est supporté en dedans par de petites roues ou roulettes de cuivre, ainsi que par dessus, pour avoir moins de frottement ; ces roulettes sont figurées par les lettres O, O. On voit ici le porte-obstacle abaissé, & ayant ses quatre dents entrées dans les quatre entailles : le pointillé marque la position de ce porte-obstacle, lorsque le pêne seroit poussé un peu plus avant qu'il ne l'est, n'étant représenté sorti que de 11 lignes. On doit remarquer que l'entaille du pêne n'est pas visible, & qu'elle n'est qu'en dedans. D est le ressort qui releve le porte-obstacle ; ce ressort est représenté pressé & ayant obéi.

Les quatre pieces mobiles sont à vingt dents, ce qui porte le nombre à sa quatrieme puissance 160,000 combinaisons à choisir.

Il n'y a qu'un seul pignon qui agit ; & pour que sa pomme se trouvât sur la face de la serrure, il ne pouvoit pas porter vingt dents, & être égal aux pieces mobiles ; il n'en a que dix. On voit au bout de la ligne C, un petit ressort compteur, lequel rend un son à chaque dent (de ce pignon mobile), qui passe. Il n'y a rien dans cette serrure qui soit attaché ailleurs qu'à la plaque du fond, & au moyen des trois côtés de glace, on apperçoit aisément toutes les pieces & leur jeu. La glace de dessus est percée pour laisser passer le pignon ; on remet la pomme après qu'il est passé, & cette pomme est arrêtée par une vis qui entre dans ce pignon ; les pieces de combinaisons portent, à chaque dixaine, ou un petit bouton, ou deux, comme les pieces de la serrure, Fig. 9. A chaque fois que ces petits boutons rencontrent l'extrémité d'une des branches du reſſort, repréſenté ſous la lettre E, elles rendent un petit ſon argentin & différent de celui de l'autre reſſort compteur; elles ſonnent un ou deux, pour reconnoître à quelle dixaine.

La Fig. 17, eſt le plan de la languette qui fait mouvoir le verrou par l'extérieur du cabinet, & qui eſt muë par le mouvement du bouton à couliſſe du dedans. Au-deſſous de A, eſt ſon pivot dans l'épaiſſeur du bois; au-deſſous de B, eſt le gland qui ſe meut de droite à gauche; au-deſſus de C, eſt la roulette qui parcourt l'eſpace depuis C, juſqu'à D. *

Dans l'uſage, une ſemblable méchanique ſeroit incommode, 1.° par la difficulté de paſſer le pignon d'une piece mobile à l'autre, ſans faire un peu tourner ou déranger une de ces pieces mobiles, lorſqu'on n'auroit pas bien parfaitement & exactement placé ces pieces; préciſion qu'on ne peut appercevoir par le dehors, que par l'à-plomb à donner à chaque fois aux ſignes qui ſont marqués ſur la pomme, & 2.° par le ſoin de ne pas déranger cet à-plomb en allant d'une piece à l'autre, par reſſauts. Au ſurplus, la boîte n'a de hauteur que 2 pouces 9 lignes, & 3 pouces 9 lignes de largeur en dehors; il eſt vrai qu'elle a un pouce d'épaiſſeur en dedans. A ce trop d'épaiſſeur près, le problême a été rempli avec exactitude; il faut ſonger qu'il ne s'agiſſoit pas de faire du bon marché, ni quelque choſe pour un uſage commun & ordinaire.

* *La Gravure a repréſenté le gland un peu trop petit.*

PLANCHE SECONDE.

N.o XII.

CONTRE-PLATINE DE FUSIL.

LA Fig. 18, sur une échelle de 6 lignes pour pouce, est la vue d'une partie du fusil, où la contre-platine paroît ; on y voit quatre pieces circulaires; les trois au-dessus des lettres A, B, C, présentent à leurs faces extérieures des plaques gravées comme un cadran de boussole, dont les 16 aires de vent sont marqués différemment sur chacune. On suppose que la fleur-de-lys de ces marques, est le Nord. On apperçoit de petits points noirs représentans des boutons saillans à chacune, qui sont à-peu-près Est & Ouest ; ils servent à faire tourner la piece. En prenant l'à-plomb pour le point de combinaison, elle seroit ici établie pour ces trois pieces A, Nord-Ouest ; B, Nord ; C, Est. A la piece C, on voit dans son milieu le quarré d'un pignon dans lequel entre une vis à tête quarrée, de ce bout, & à vis, de l'autre; c'est sur ce pignon que sont retenues ensemble les différentes parties de la piece, par le moyen d'un écrou, dans le dedans de la méchanique, qui se monte sur la vis à tête quarrée. Cette vis à tête quarrée est représentée de grandeur naturelle, en coupe, Fig. 19, & l'écrou, Fig. 26. A cette piece C, Fig. 18, la vis à tête est supposée ôtée; elle doit recouvrir le quarré ici apparent, autour duquel est entrée la plaque gravée qui porte les marques indicatives. En D, la plaque elle-même est ôtée, & dans la piece même qui forme la contre-platine, on y voit la marque de l'enfoncement, dans lequel la plaque gravée doit se placer pour revenir à fleur de la surface de cette contre-platine. On peut voir aussi en D, l'ouverture circulaire (dans cette contre-platine), ouverture dans laquelle tourne l'axe, duquel l'extrémité quarrée doit recevoir la plaque. On remarque au-dessous de la lettre E, la vue d'un petit bouton coulant, qui, étant poussé à gauche, comme il est tracé en pointillé, tient ouvert la méchanique, & donne la liberté au chien de la platine de se mouvoir; car tant que ce bouton coulant est encore dans la position de E, la partie intérieure de ce bouton, que j'appellerai branche du tenon, laisse libre le talon d'une bascule, dont une extrémité tient à un levier qui traverse la platine, & entre dans le chien, de façon que ce chien ne peut faire aucun mouvement; l'endroit où le bout de ce levier, ou tenon long, entre dans le chien (dont partie ici est représentée en pointillé), est à l'endroit marqué F, près de la grande vis qui tient la platine.

La Fig. 20, de grandeur naturelle, est la coupe de la plaque gravée & apparente à l'extérieur d'une des quatre pieces, & qui fait elle-même l'effet d'une aiguille sur un cadran. On voit dans le milieu de cette figure, une entaille quarrée par où elle entre sur son axe.

La Fig. 21, est la coupe de la piece qui forme la contre-platine (à l'endroit de cette contre-platine qui reçoit la plaque gravée); on observe, dans le milieu, la place circulaire dans laquelle l'axe tourne.

La Fig. 22, est la coupe de l'axe qui forme la partie la plus intérieure de la piece mobile, & qui porte les crans; on distingue les deux entailles, ou rétrécissement de cet axe, l'une quarrée, l'autre circulaire, d'un côté, & de l'autre côté seulement une entaille quarrée, pour recevoir la plaque qui sert à contenir, l'une sur l'autre, les deux parties de la piece.

La Fig. 23, est la coupe de la partie extérieure à l'axe denté, rouleau ou piece mobile intérieure de même épaisseur que celle intérieure. On voit près de A, marqué en pointillé, l'encoche dans laquelle le tétiau représenté au-dessus, en B, doit entrer toutes les fois que la méchanique sera ouverte, & qu'elle pourra être refermée sans toucher aux pieces mobiles.

La Fig. 24, est la coupe d'un petit plateau circulaire qui sert à contenir la piece extérieure mobile, dessus celle intérieure.

La Fig. 25, est la coupe de l'écrou, lequel contient le petit plateau intérieur de la piece; & cet écrou fait que la tête de la vis, appuyant contre la plaque gravée, qui est extérieure, est contenue dans l'entaille quarrée de l'axe ou essieu, comme celle du dedans, sur l'autre entaille quarrée.

On concevra aisément, que, pour faire qu'à ce méchanisme on puisse établir la combinaison en dehors ou en dedans, il faudroit à l'intérieur une plaque pareille à celle extérieure à la contre-platine, & la même construction des deux bouts à l'axe, afin de porter aussi une plaque gravée apparente; c'est alors que ce méchanisme s'appliqueroit à une porte, comme à un porte-feuille.

La Fig. 26, est la coupe des six parties réunies, qui composent le total de la piece mobile. On voit que le tout est représenté placé sur l'épaisseur de la plaque de contre-platine, & qu'il n'y a que deux lignes d'épaisseur entre A & B.

La Fig. 27, de grandeur naturelle, est la vue de la bascule, qui fait avancer ou reculer le tenon assez long, qui, passant sous la queue ou branche du bouton de culasse du canon, traverse la platine de fusil au-dessus de sa noix, & va entrer dans le chien, de la longueur d'une ligne, & ayant près d'une ligne de diametre. Quand le bouton à coulisse, Fig. 18, va de E, sur la gauche, la partie intérieure ou branche de ce bouton à coulisse, que j'appelle queue, à-peu-près semblable à la partie du dessus de la plaque de contre-platine, va pousser le bout de la bascule marquée

marquée A, Fig. 27, & fait reculer cette partie vers l'endroit où eſt ſa repréſentation en pointillé B, ce qui retire le tenon hors du dedans du chien, & laiſſe à ce chien toute liberté, tant qu'on ne ramene pas le bouton de la gauche vers E, Fig. 18.

La Fig. 28, eſt la repréſentation des entailles qu'il faut faire au bois du fuſil, pour recevoir la méchanique. L'on voit, en A, le point où eſt attaché un reſſort qui obéit quand le tenon eſt retiré hors du chien, par le mouvement du bouton de E, ſur la gauche, & qui le fait rentrer dans le chien auſſi-tôt que le bouton à couliſſe eſt revenu en E, Fig. 18.

On trouve en B, C, Fig. 28, deux vis qui tiennent la plaque où ſont les deux montants, dans leſquels porte l'axe de la baſcule, qui fait mouvoir le tenon, duquel la tête en charniere paroît, près de la lettre D, tenue entre deux branches de la baſcule, où ce tenon eſt mobile ſur un axe, rivé des deux côtés.

La Fig. 29, de grandeur naturelle, eſt la repréſentation en vue du dedans de la méchanique, telle qu'elle a été exécutée : on a marqué ſur le petit plateau, qui contient les parties des pieces, les mêmes Figures à-peu-près qu'à l'extérieur, aux pieces A & B. On apperçoit au milieu de ces pieces l'écrou à deux entailles, qui ſerre & qui contient les parties. En C, la plaque qui contient ces deux parties, n'eſt pas repréſentée gravée, & l'écrou eſt ſuppoſé ôté.

A la piece marquée D, le petit plateau qui contient les deux parties mobiles, eſt ſuppoſé enlevé, & l'on voit le plan détaillé de ces deux pieces, repréſentées en coupe, Fig. 26, ſavoir, les 16 crans de la piece intérieure; les quatre petits reſſorts qui arcboutent ſur ces crans, & en pointillé fin, les petits rivés qui les attachent à la partie extérieure. On remarque dans cette partie extérieure, l'entaille dans laquelle doit entrer le tenon du verrou.

*N.*ª Que cette entaille n'eſt pas de toute la profondeur de la partie extérieure, pour que cet anneau ou zone extérieure ne puiſſe pas s'ouvrir par quelque effort.

Le porte-obſtacle eſt repréſenté ayant quatre tenons-obſtacles pour entrer chacun dans les quatre pieces mobiles, & ce porte-obſtacle eſt continuellement repouſſé en haut par les deux branches du reſſort porté par le petit pied attaché avec les deux vis E.

Dans les deux courbures que ce porte-obſtacle forme entre les pieces A, B, & celles C, D, il porte un renflement de la hauteur des dents ou tenons-obſtacles, qui doivent entrer dans les pieces, & chaque tête, en figure d'oiſeau, au bout des branches de la couliſſe, embraſſe (chacune par leur tenon marqué comme un œil) le porte-obſtacle par ſes deux côtés, ainſi que deſſus & deſſous, & ils ne viennent à bout de le forcer à ſe baiſſer, que lorſque les tenons-obſtacles peuvent entrer dans les pieces mobiles.

Pour que ce porte-obſtacle ne ſoit pas dérangé, quand il eſt pouſſé d'un côté pour ouvrir, ou de l'autre pour fermer, il eſt contenu par ſes deux extrémités, entre les tenons F, G, indépendamment de ſes deux couliſſes repréſentées à côté & au-deſſous du trou marqué H, où paſſe la grande vis qui tient à la platine.

On voit en I, la partie ſaillante en dedans de la couliſſe, qui forme ſon bouton, & qui doit pouſſer l'extrémité de la languette A, Fig. 27, laquelle languette de la baſcule fait retirer le tenon long de dedans le chien, lorſque dans la Fig. 29, I arrive en L, ou bien, Fig. 18, quand de gauche il revient en E.

On diſtingue près de M & N, les deux tenons dans leſquels la couliſſe gliſſe horiſontalement. On remarquera que cette couliſſe n'a de courſe que la diſtance d'une des pieces mobiles à l'autre, moins l'épaiſſeur des branches ou cols qui portent ſes deux têtes. En rapprochant un peu davantage la piece B, de celle C, on auroit donné plus de courſe à cette couliſſe, qui dans une ferrure auroit eu beſoin d'une extrémité plus ſaillante, pour entrer dans une gâche, & qui alors ſe feroit appellée un pêne.

On appercevra aiſément différens moyens de placer des crochets à cet eſpece de pêne, pour que ces crochets ſervent à la fermeture de tablettes ou porte-feuilles, ou toute autre choſe.

PLANCHE SECONDE.

N.° XIII.

DE LA CONSTRUCTION GÉNÉRALE DES PIECES MOBILES.

LA Fig. 30, donne le plan de la partie dentée d'une des pieces mobiles, laquelle étant de métal, peut aisément avoir 64 dents, comme en A, elle a 12 à 13 lignes de diametre, (*N.*[a] Dans la Gravure, les dents sont plus minces que l'espace entr'elles; mais dans la Pratique, on doit les faire égales) & seulement 32, si elle n'a que 6 à 7 lignes, comme en B, ou bien si elle est de bois, & qu'elle n'ait qu'un pouce de diametre, elle auroit seize dents au moins, comme en C; elle pourroit en recevoir 24 comme en D; mais à 16, 17 ou 18 lignes de diametre, elle en aura aisément 32 comme en E.

Il faut observer que, ne s'agissant point d'un engrénage successif de chacune des dents d'une roue, dans les dents d'une autre ou dans un pignon, l'intervalle entre chaque dent peut être beaucoup plus étroit que chacune de ces dents, & que les quatre dents, ou même trois qu'il suffit de mettre à la roue qui doit recevoir l'autre, doivent toujours être de fer ou autre métal dur.

F, marque une ouverture pour un pignon de trois lignes de diametre, & il peut être jusqu'à près de 4 lignes dans une roue de 6 à 7 lignes, & de 6 à 7 lignes en bois, dans une roue de bois qui auroit 12 lignes & plus, de diametre.

La Fig. 31, représente le plan de la partie extérieure d'une des pieces mobiles; il est possible de la construire en bois, comme je l'ai exécuté dans la méchanique, dont la description est ci-après; mais elle sera plus solide en métal, elle tiendra bien moins de place, & peut n'avoir que 15 à 16 lignes de diametre.

La partie A, est de toute l'épaisseur de la roue, & porte, dans cette épaisseur, une entaille figurée en pointillé près de B, pour y recevoir un tétiau ou point d'arrêt. Les quatre C, sont les quatre dents de fer ou d'acier qui seront placées après coup, & qui doivent entrer à l'aise dans les intervalles qui leur sont présentés des dents de la piece du centre. Ces trois ou quatre dents d'acier auront toujours un peu moins de saillie que la profondeur des vuides entre les dents de la piece du centre, & seront parfaitement espacées; c'est la seule sujetion bien nécessaire, pour que la méchanique ne soit point sujette à manquer. D, est un rétrécissement ou languette pratiquée dans l'ouverture intérieure de cette partie extérieure de la piece mobile, rétrécissement ou languette qui doit frotter légérement sur l'endroit uni de la partie du centre, par un seul point qui seroit, justement, au-dessous de la lettre E, Fig. 33.

N.[a] Il est nécessaire que dans l'épaisseur de la partie extérieure de chaque piece qui porte sur la partie intérieure, il y ait le moins de frottement qu'il se pourra, & il suffiroit même qu'il n'y eût que quatre ou cinq endroits de la circonférence intérieure de la piece extérieure, qui portassent réellement sur la circonférence extérieure de la piece intérieure. Mais pour la construction générale de ces pieces, il faut y établir une semblable languette, afin que ces pieces puissent servir indifféremment pour des méchaniques de la troisieme espece (où les pieces sont auprès l'une de l'autre), ou pour celle de la premiere espece (où elles sont sur un même axe), ou pour celle composite, (où elles sont sur des cylindres différents, mais concentriques).

On observe, à la Fig. 36, que, pour les roues l'une derriere l'autre, il faut que les dents de la partie intérieure de la seconde piece ne trouvent rien qui les gêne lorsqu'elles passent sur une partie de l'épaisseur de la partie intérieure d'une autre piece. Si l'on ne vouloit pas employer ces languettes ou points d'appui, il faudroit donc, comme dans la méchanique présentée en Janvier 1779, à la Société libre d'Emulation, employer entre chaque partie extérieure de chaque piece mobile, un petit cercle sur lequel rouleroit cette partie extérieure, & que ces cercles fussent arrêtés ensemble; car il faut éviter que les parties extérieures puissent frotter assez contre celles intérieures, pour en déranger leur position, ou du moins, la rendre oblique, ou bien, il faut employer quelques soutiens extérieurs, par-dessous ces parties extérieures des pieces mobiles.

Fig. 32, offre la vue en profil de l'extérieur de la piece mobile.

On voit à la hauteur de A, l'enfoncement de l'entaille pour un tétiau quarré, d'un peu plus d'une ligne de côté de quarré.

On remarque en B, l'entaille de toute l'épaisseur de la roue pour le cas où, au lieu de la faire en tétiau, l'on auroit construit le porte-arrêt en languette, & pour devoir entrer dans toute cette largeur, ce qui est à préférer, dès qu'on employera les pieces mobiles sur un même axe, ou sur des cylindres concentriques pour des serrures qui ne se ferment que par dehors.

Fig. 33, est la coupe de la partie intérieure, ou du centre de la piece mobile. Le côté A, marqué avec des hâchures croisées, doit toujours être de métal, s'il porte plus de 24 dents. Le côté B, peut être en bois, sans inconvénients; & alors, les deux morceaux formant cette partie intérieure d'une piece mobile, seront attachés ensemble par des goupilles figurées en pointillé C, C. D est l'ouverture où doit passer l'axe; cette ouverture, quarrée, ou octogone à quatre grands & quatre petits côtés inscrits, est plus ou moins large; elle doit, sur un axe de bois, être au moins, de la plus grande dimension marquée au centre de la Fig. 30.

La Fig. 34, représente la coupe de la partie extérieure d'une piece mobile, vue par le dedans; on voit au-dessous de A, l'entaille pour l'entrée d'un tétiau quarré.

A côté de B, est la figure d'une des trois ou quatre dents marquées C, Fig. 31.

On trouve au bout de la ligne C, le rétrécissement ou languette du dedans de cette piece marquée en D, Fig. 31, & à cette Fig. 34, le pointillé désigne comment le rétrécissement peut être dans tout le contour intérieur de la piece; mais si elle n'est pas destinée à en recevoir une autre appliquée contr'elle, alors, il n'y auroit qu'une languette à y laisser du côté où l'on appliqueroit la plaque de métal B. Le D offre, en coupe, la vue d'une des quatre dents.

On distingue à côté de cette Figure, près de la lettre E, la coupe en face d'une de ces dents, qu'on fait entrer, après coup, dans cette partie de la piece.

La Fig. 35, montre la coupe des deux parties de la piece mobile, rassemblées, & cette piece montée sur son axe. On voit près de A, l'une des quatre dents de la partie extérieure placée entre-deux des soixante-quatre dents de la partie du centre, & le rétrécissement ou languette de cette partie extérieure, frotter contre la portion non dentée de la partie du centre B. Les deux C C sont la coupe de l'axe. On remarque en D, l'extrémité d'un tétiau applati, qui se trouve placé entre la piece mobile & un renflement circulaire E, E, de l'axe, de façon qu'il empêche cet axe d'être poussé en avant, & par-là, empêche le désengrénement des deux parties de la piece. Cette même espece de tétiau, peut aussi être placée sur l'autre face de la piece mobile, comme elle est tracée en F, entre deux renflements de l'axe. Ces divers renflements seront formés par des viroles arrêtées sur cet axe; de même que la piece mobile sera arrêtée sur l'axe, au moyen d'une ou de deux petites pointes ou goupilles représentées en G.

La Fig. 36, fait voir les parties des pieces mobiles, désengrénées; les parties intérieures, ou du centre de ces pieces, sont poussées hors des parties extérieures, & la portion dentée de la partie du centre de la seconde piece, se trouve sous une portion de la partie extérieure de la premiere, laquelle partie de la premiere, se trouve, par le moyen de sa languette, porter & frotter contre la partie du centre ou intérieure.

On observe la coupe des petits obstacles O, O, O, O, qui maintiennent, entr'elles, dans un même lieu, les pieces mobiles: & il faut remarquer comment les dents des pieces du centre ne peuvent, en aucune façon, frotter contre les quatre dents de la partie extérieure, laquelle est soutenue par un seul point de contact de sa languette, sur la partie lisse & non dentée de la partie du centre. On a figuré en B, B, comment chaque piece du centre, après avoir été placée au bout de son cylindre particulier, y seroit arrêtée par une goupille indiquée par des pointillés.

Si l'on veut établir ainsi deux pieces mobiles differentes l'une derriere l'autre, il faut, pour cette position, que ces pieces aient bien près de trois lignes d'épaisseur; car lorsqu'elles seront seulement placées à côté l'une de l'autre, leur épaisseur peut être moins de deux lignes, mais toujours d'un peu plus du triple de l'épaisseur de la portion dentée, afin qu'il reste toujours une portion de la languette ou rétrécissement lisse de la partie du centre, laquelle puisse glisser sur le rétrécissement de la partie extérieure.

Les pieces mobiles placées l'une sur l'autre, sont pour être employées dans la premiere & la seconde espece de ces méchaniques.

Avec des pieces mobiles faites d'après ces dessins, on pourra exécuter une grande variété de méchanisme des trois especes que j'ai distinguées.

Il y a une autre façon de faire ces mêmes pieces, & où les deux parties qui les formeront, au lieu d'être supportées l'une par l'autre, lors du désengrénement, se trouveront toujours supportées par le même axe, & l'engrénage y sera différemment exécuté. *Voyez* ci-après, Planche III, Fig. 27 & 30.

PLANCHE TROISIEME.

N.° XIV.

SERRURE DÉCORÉE EN CARTE MARINE,
EXÉCUTÉE POUR UNE PORTE-COCHERE;

Cette Serrure a huit pouces de long, & quatre pouces trois-quarts de hauteur, sur seize lignes d'épaisseur.

LA Fig. 1.re, est le plan du dedans de la serrure, dont on suppose la plaque ou palâtre extérieur du côté de la chambre, être enlevé. On y distingue, en coupe, les pivots A, A, traversant la serrure & la porte, représentés en coupe, Fig. 2.e, aussi marqués, A, A.

On apperçoit les quatre cloisons du tour de la boîte ou de son épaisseur, marquées B, B, sur la Fig. 1, comme sur la Fig. 2.

C, C, sur les deux Figures, sont la coupe en différens sens, des ressorts qui soutiennent la piece d'arrêt ou d'obstacle.

D, D, Fig. 1, représentent, en place, le renflement des pivots des pieces mobiles, vu en coupe, Fig. 2, près la lettre D.

E, E, Fig. 1, offrent en plan les cinq parties de la piece d'obstacle, qui contiennent en place les pieces mobiles; ces parties de la piece d'obstacle sont représentées en coupe lettre, E, E, Fig. 2, au devant desquelles paroît, dans cette coupe, le renflement de l'axe D, & la suite de la piece obstacle, continue marquée par les hachures de gauche à droite, & dans la partie horisontale elle est réunie avec la représentation F.

F, Fig. 1, est la représentation, en plan, des quatre tenons qui empêchent le désengrénement. Ce tenon est tracé en coupe, marqué près de la même lettre F, Fig. 2; on observe qu'il s'éleve jusqu'à l'axe sans gêner le renflement D.

G, H, Fig. 1, sont le plan des deux parties de la piece mobile, circulaire ou rouleau.

I, I, Fig. 1, marquent l'épaisseur du dessous de la piece d'obstacle vue en coupe, Fig. 2, marquée I, I.

Fig. 1, L, L, désignent l'épaisseur du dessus de la piece d'obstacle, dont la coupe est marquée de la lettre L, Fig. 2.

M, Fig. 1, est la vue, ainsi que Fig. 2, en M, du renflement sur lequel il faut faire passer le tétiau représenté près de N, du pêne, Fig. 1, afin de faire baisser la piece d'obstacle lorsqu'elle le peut, par la présence de l'ouverture P, Fig. 1.re & 2.e de la piece mobile, au-dessous du tétiau O, O, de la piece d'obstacle.

On remarque, Fig. 1, que M, renflement de la piece d'obstacle, dont la coupe se voit, Fig. 2.e, en M, est représenté de même niveau que N, tétiau du pêne, ce qui fait que ce tétiau ne peut être marqué dans la Fig. 2.e. Cette partie du pêne qui doit glisser sur la piece d'obstacle, est indiquée, Fig. 1, par les hachures perpendiculaires; le reste du même pêne, (ou les deux têtes qui entrent dans la gâche) l'est par des hachures horisontales.

On découvre en Q, l'ouverture qui forme la coulisse, laquelle va frotter contre l'axe du pignon qui engréne dans la portion retournée du pêne, & formant la crémaillere distinguée par des hachures perpendiculaires, plus claires.

R, Fig. 1, est le plan du gros pignon denté du pêne, gravé en coupe, Fig. 2.e, même lettre R.

S, Fig. 1, est la représentation, en plan, des dents de la crémaillere, vues en coupe près de la même lettre S, Fig. 2, où l'on voit que le haut de son épaisseur y seroit couvert par la figure d'une des dents du pignon.

T, Fig. 2, est la coupe de la portion du pêne qui est désignée par les hachures perpendiculaires, Fig. 1, même lettre T.

Dans cette Fig. 1, le pêne est représenté entierement rentré comme à une serrure à jeu dormant; mais elle peut être à demi-tour, & n'employer la combinaison que pour ce qu'on appelle le double tour. Alors le pêne seroit marqué par le pointillé. L'ouverture de la coulisse Q, au lieu d'être de Q, en A, seroit de V, en U; le tétiau N, seroit tout contre le renflement M.

On trouve en X, la position de la branche inférieure d'une tête du pêne fendu, alors dormant, mais le talon de cette tête seroit en Y, s'il étoit à demi-tour; ce demi-tour débordant alors la serrure, comme il est tracé en pointillé Z, Z.

Fig. 2; dans cette Figure, le pointillé V, marque jusqu'où le cercle du palâtre extérieur est poussé lorsque le désengrénement s'effectue, & l'on voit en X, la coupe d'une bordure dans laquelle est contenu alors ce cercle, pour ne point varier. Mais pour éviter, comme à la piece exécutée, qu'il dessous. Tout ce porte-obstacle est soutenu par un ressort, dont les deux extrémités sont en fourches, représentées près de B, Fig. 5 ; elles embrassent la traverse inférieure du porte-obstacle, & le forcent à remonter. Ce ressort est attaché, par le milieu, sur le tenon L, & arrêté par un écrou qui contient, en même-tems, la piece servant à maintenir dans un même lieu, les parties extérieures des pieces mobiles.

On apperçoit, à cette Fig. 2, au-dessus de H, la coupe d'un renflement de l'axe de la piece mobile, axe que l'on suppose coupé au niveau de la traverse H.

La Fig. 7 représente la coupe de la piece mobile. La lettre A est la coupe de la traverse-obstacle H, Fig. 2, dans la position où elle se trouve, lorsque la combinaison, étant établie, les dents du pêne, ayant aussi commencé à glisser sur les renflemens du porte-obstacle, s'arrêteront dans leur course, & le tiendront baissé pour donner, par ce moyen, la liberté au désengrénement des deux parties des pieces mobiles. La partie intérieure de chaque piece, pourra, alors, se retirer, comme l'indique le pointillé, Fig. 7 ; mais il faut observer que le mouvement est ici marqué trop grand, & plus que le double de celui qu'elles ont, & dont elles peuvent avoir besoin pour le désengrénement, lequel peut se faire également par le dehors ou par le dedans ; par dehors, en tirant à soi les anneaux de clef, qui sont au bout des axes des pieces mobiles (dont la représentation paroît d'un côté, aux Figures 1.re & 5, & de l'autre, à la Fig. 3) par dedans, en poussant & enfonçant les petits cercles apparens de ces pieces, qu'on reconnoît, Fig. 4, & sur lesquels sont gravées les étoiles représentant les boussoles.

Dans la Fig. 2, les hachures perpendiculaires plus claires, au-dessous & entre chaque piece mobile, représentent une plaque faite pour arrêter & maintenir au même lieu les parties extérieures de ces pieces mobiles, par leur appui contre une rainure qui est pratiquée en dehors de la portion de cette partie apparente, marquée par un cercle blanc, Fig. 2, & de laquelle rainure, la coupe paroît au-dessus de B, Fig. 7. Cette piece, pour l'arrêt des parties extérieures des pieces mobiles, est fixée par trois points ; par celui du milieu qui tient aussi le ressort du porte-obstacle, & par les deux tenons de chaque extrémité, dont à l'une, marquée M, on voit l'écrou qui l'arrête en place. Ce tenon porte, à-peu-près vers le milieu de sa longueur, Fig. 2, au-dessus de N, une entaille dans laquelle glissent les branches pendantes des extrémités du porte-obstacle. Ce tenon est désigné avec son écrou, Fig. 6, près de la lettre C ; mais on l'a supposé brisé, pour laisser voir la branche pendante du porte-obstacle, qui empêche le désengrénement, tant que le tétiau-obstacle n'est pas entré dans l'ouverture de la partie extérieure de la piece mobile. Il faut observer que, dans les Figures, on a toujours représenté un vuide, ou du jeu, entre l'extrémité du tétiau-obstacle, & les pieces mobiles où il doit entrer, quoiqu'il n'y en ait point, & qu'il n'en faille absolument point laisser dans l'exécution ; mais c'est seulement pour rendre plus sensible chaque piece dans le dessin.

Dans la Fig. 3, les hachures horisontales indiquent le bois de la porte, &, sur celle-ci, les hachures perpendiculaires marquent ce qui tient lieu de ce qu'on appelle la plaque d'entrée aux serrures ordinaires ; cette plaque d'entrée porte un rebord, duquel on voit l'élévation dans la coupe, Fig. 5, au-dessus de la lettre D ; laquelle élévation renferme les quatre rondelles montées chacune sur l'axe de leurs pieces mobiles. A cette même Fig. 3, les hachures plus noires & perpendiculaires, montrent la continuation de la plaque d'entrée sous les rondelles, & celles-ci sont désignées par des hachures horisontales. On y distingue soixante-quatre crans, dont il y a moitié qui sont, de deux en deux, plus enfoncés que les autres, & qui forment un moindre arrêt, ou une moindre difficulté à forcer pour passer sous le cliquet-compteur de chacune ; ce cliquet-compteur, ou petit ressort, figuré près de la lettre A, est établi sous la plaque d'entrée, & y est attaché : il joue dans l'épaisseur du bois de la porte, comme il est représenté, Fig. 5, par des traits légers ou pointillés, au-dessous & sur la gauche de D.

Pour reconnoître au tact la position des pieces, les anneaux de clef marquent quatre positions différentes ; on voit que celui au-dessous de A, Fig. 3, placé horisontalement à un petit bouton saillant sur le milieu de son canon, ou de l'extrêmité de l'axe qui paroît ici élevé vers le cliquet-compteur ; & l'autre anneau paroît avoir son bouton placé vers le bas, ce qui donne la facilité de partager la totalité du cercle en quatre parties, & chaque partie peut se diviser encore en huit plein, & huit demi-plein, ce qui fait les seize crans pour chaque quart de cercle ; de façon que pour compter alors, dans les soixante-quatre positions de chaque piece, celle qu'on aura choisie, il n'y a donc plus d'attention précise à avoir, que pour huit, ou, au plus, pour seize crans ; car on peut être convenu d'avance que les plus forts crans seront, ou pour les nombres pairs, ou pour les impairs.

Indépendamment du son & du tact, pour faire usage de la vue, il est facile d'indiquer clairement, à l'œil, la différence entre ces soixante-quatre crans, soit par des lettres ou par des chiffres gravés ou peints ; & cette indication claire ne peut avoir d'autre inconvénient que celui d'avoir l'attention de ne pas, lorsque l'on ouvre ou que l'on ferme, laisser quelque indiscret regarder quelle est la combinaison choisie. Avec l'usage ordinaire de ces serrures, il s'établiroit bientôt que, regarder fermer un semblable méchanisme, seroit un grief, au moins, de la même nature que celui de regarder, par-dessus l'épaule de quelqu'un, le contenu d'une Lettre qu'il lit.

C'est afin d'avoir la facilité de distinguer, au tact & à l'ouie, chacun de ces crans, qu'il faut tenir les cercles les plus grands qu'il est possible ; &, pour cela, on les a fait, ici, tournans l'un sous l'autre, le premier seul n'étant pas recouvert par un second ; & parce qu'il faut que chaque partie du plateau circulaire puiſſe former alternativement un angle moindre que le droit, ou plus que le droit, avec ſon axe reſpectif, il eſt donc indiſpenſable que, dans le quarré ſur lequel le plateau circulaire eſt placé ſur ſon axe, il y ait un jeu relatif à ſon obliquité ſucceſſive avec cet axe.

On obſervera auſſi que, pour le déſengrénement, on doit commencer par déſengréner la piece qui porte le plateau circulaire, qui n'eſt pas recouverte par un autre, & le reſte ſucceſſivement.

On peut remarquer, Fig. 2, que, pour donner le jeu du reſſort qui tient la ſaillie du pêne, il eſt attaché ſur le parois ou cloiſon de côté; &, dans la Fig. 5, que l'on n'a repréſenté qu'une partie de l'épaiſſeur du pêne, pour laiſſer voir le jeu de la noix du gros pignon, la coupe de la couliſſe, & celle de la crémaillere.

La Fig. *6* eſt la repréſentation d'une eſpece de clef, pour s'enfermer en dedans, & ouvrir enſuite; les deux branches A B ſont foibles vers le point C, & peuvent être preſſées & ſe reſſerrer juſqu'où marque le pointillé; alors, elles entrent dans les entailles obliques, & cette clef, alors, ſert à rappeller l'engrénement, après avoir changé la combinaiſon. Cette eſpece de façon de faire mouvoir les pieces mobiles, eſt néceſſaire pour le cas où l'on ne veut pas qu'il y ait rien du tout de ſaillant à la ſerrure, comme à celle-ci, où la plaque, du côté du dedans, pourroit ſervir à imprimer en taille-douce. Cette eſpece de clef, au ſurplus, pourroit, très-aiſément, ſe porter au cordon d'une montre, comme un cachet; on pourroit auſſi, par ce même expédient, faire enſorte qu'il n'y ait rien de ſaillant, au-dehors de la porte.

PLANCHE

PLANCHE TROISIEME.

N.° XV.

SERRURE DE M. REGNIER.

Il y a dans cette Méchanique trois Pieces mobiles.

LA Fig. 8, eſt le plan du dedans de la partie mobile (voyez au coin & au bas de la Planche troiſieme à gauche) laquelle paroît au-dehors par ſon autre face, repréſentée, Fig. 9, & dont on trouve la coupe, Fig. 10. Dans celle-ci, on apperçoit près de la lettre O, le rebord intérieur de cette partie extérieure, lequel rebord entre au-dedans du rebord extérieur B, de la piece fixe, dont la coupe eſt repréſentée, Fig. 11; cette piece fixe eſt indiquée en plan autour des lettres A, Fig. 22. Dans ce plan, Fig. 22, on remarque, près des lettres B, un petit tétiau à double biſeau, qui eſt ſaillant d'une ligne, & qui obéit au moyen d'un reſſort; ce tétiau & ce reſſort ſont vus en coupe, Fig. 11, entre A & B.

On diſtingue, Fig. 10, ſur l'alignement de O à P, l'indication de vingt-quatre crans, qui ſe trouvent à l'extrémité du rebord de cette partie ſupérieure; ces vingt-quatre crans répondans aux vingt-quatre caractères tracés ſur ce même rebord; ces crans ſont marqués en plan, Fig. 8: au centre de cette Figure, on apperçoit le plan de la partie d'un tuyau, dont la coupe eſt repréſentée, Fig. 10, au-deſſous de E. Ce tuyau, dont le dedans eſt travaillé en écrou, ſert pour y recevoir la vis, dont la coupe eſt Fig. 13.

La Fig. 14, eſt le plan de la ſeconde partie mobile de la même piece, vu par le côté qui embraſſe le tuyau E, Fig. 10; & à la Fig. 15, c'eſt le plan de cette même partie, vu par le côté de dedans, & dont la coupe eſt Fig. 16. On peut remarquer, Fig. 15, au-deſſous de A, l'ouverture repréſentée auſſi près de A, Fig. 16, & par où doit paſſer le tétiau du porte-obſtacle, pour donner la liberté du mouvement.

La Fig. 17, eſt la repréſentation du plan des deux parties placées l'une dans l'autre, & vues en dedans avec une troiſieme. La Fig. 18 eſt le plan de cette troiſieme partie de la même piece; troiſieme partie qui eſt mince & plate, percée d'une ouverture en quarré long, pour entrer ſur l'extrémité du tuyau de la premiere partie, marqué ſous E, Fig. 10. Le plan repréſente le côté qui ſe place contre la partie placée par l'extérieur; & la Fig. 19, eſt le plan de cette même piece, vu par le côté du dedans de la chambre, & les coupes, ſur ſes deux dimenſions, ſont déſignées aux Fig. 20.

La Fig. 13, eſt la coupe de la vis qui doit entrer dans le tuyau de la premiere partie mobile, & ſerrer la troiſieme partie; c'eſt-à-dire, cette petite plaque mince, Fig. 18 & 19, contre la ſeconde piece, afin que cette ſeconde tourne en même-tems que la premiere piece, lorſque cette ſeconde ne ſera pas arrêtée par la préſence du tétiau porte-obſtacle, dans ſon échancrure tracée en A, Fig. 15, de cette ſeconde partie.

La Fig. 21, eſt la repréſentation de la coupe de tout le méchaniſme ci-devant détaillé, & de ce qui ſuit.

On voit, Fig. 22, vers le haut, autour de A, le plan de la piece fixe qui eſt attachée à une plaque de fond, par les deux vis D: à la piece au-deſſous, on trouve le même plan de la piece fixe, & la repréſentation de ce qu'on verroit de la ſeconde partie mobile, lorſqu'elle y ſeroit placée avant que d'y mettre celle apparente à l'extérieur, 8, 9 & 10. On découvre, près de G, l'ouverture pratiquée dans le rebord de cette piece fixe, ouverture par laquelle paroît l'une des vingt-quatre lettres marquées ſur le rebord intérieur de la premiere partie mobile. En F, c'eſt la repréſentation du plan du bouton ou pommelle, qui fait mouvoir le pignon du pêne.

La Fig. 23, eſt le dedans de la plaque de fond. On apperçoit, près de D, le plan du pignon quarré, autour duquel eſt placé une dent ou penneton F, qui doit appuyer ſur la tête du porte-obſtacle, qui fera, alors, entrer ſes tétiaux dans l'échancrure des pieces mobiles.

E, eſt la repréſentation du reſſort qui ſoutient la tête du porte-obſtacle; cette tête eſt marquée A, & vue en coupe de profil, Fig. 24.

Ici, Fig. 23, & près de la lettre A, on rencontre l'ouverture de la plaque dans laquelle on doit placer la piece mobile. Près de B, l'on diſtingue la premiere & la ſeconde partie de la piece mobile, qui ſont placées. On apperçoit en C, que la petite plaque, troiſieme partie, y eſt auſſi placée, ainſi que la quatrieme, qui eſt la vis qui recouvre l'ouverture du centre de la troiſieme partie, & cette vis réunit les pieces, pour qu'elles ſuivent un même mouvement. Auprès de chacune de ces trois pieces, on remarque leur petit reſſort qui porte le tétiau à double biſeau, ſervant à compter les crans qui correſpondent aux vingt-quatre marques de la premiere partie. Il y a au creux du cran qui correspond à la lettre A, beaucoup plus de profondeur, (voyez Fig. 8, au-dessous de A,) ce qui donne un son plus fort, & fait éprouver aussi une secousse plus marquée à la main, de façon que ce méchanisme réunit, effectivement, trois moyens de perceptions, la vue, l'ouie & le tact; les deux derniers sont très-faciles & très-distincts; le premier est très-incommode; & exige beaucoup de clarté, & la vue fort bonne; & il me semble que l'Auteur a eu le projet de procurer cette difficulté, & à tort l'a-t-il cru utile; mais rien ne lui eut été si aisé que de faire paroître ses marques très-visiblement à l'extérieur, ce qu'il est nécessaire de faire à toutes ces especes de méchaniques. Les pointillés I, marquent l'emplacement des deux passants qui contiennent le porte-obstacle.

La Figure 24, est la coupe du porte-obstacle avec ses petits tétiaux-obstacles B, C, D.

La Fig. 25, est le plan de ce porte-obstacle, vu du côté du dedans, par où il porte sur les axes de ses pieces mobiles; on apperçoit que ces tétiaux-obstacles se trouvent avoir été placés plus d'un côté que de l'autre, pour qu'ils se trouvent sur le rivet du tétiau compteur, sur la ligne pointillée G, H, Fig. 23, & l'entaille faite dans le milieu des tétiaux-obstacles B, C, D, vus Fig. 24, est pour laisser du recul au compteur, lorsque l'obstacle est à moitié du passage, mais de façon que le ressort du compteur ne pourroit pas reculer assez, pour laisser changer la position des parties mobiles, lorsqu'on voudroit tâtonner & changer cette position, sans avoir établi sa combinaison, sujétion, dans ce méchanisme, trop difficile à saisir dans son exécution.

Le même pignon mû par la pommelle ou main F, Fig. 22, & qui, par son quarré près de D, Fig. 23, fait mouvoir le cran ou penneton F, se trouve (par la continuation de son quarré) entrer dans l'ouverture de même forme de ce pignon, renfermée dans la boîte qui représente une serrure, & dans laquelle on l'apperçoit sous la même lettre F, Fig. 26.

Cette Fig. 26, est le plan de ce qui s'appelle ordinairement la boîte de la serrure, parce qu'ordinairement elle renferme tout ce qui appartient à la serrure; mais, ici, on voit que la combinaison qui tient lieu des clefs, des gardes & garnitures, est placée hors de cette boîte, qui n'est plus que l'étui (assez inutile) d'un pêne ou verrou. On trouve dans cette vue-ci, trois plans: le premier est la coupe du pignon, qui va porter son extrémité percée en quarré, à travers de l'épaisseur du bois de la porte, pour y recevoir la broche quarrée du pignon, laquelle tient à la pommelle F, Fig. 22, par où, en dehors de cette porte, on fait mouvoir le pêne. Sous ce premier plan, on en a représenté un second renfermé entre des pointillés, de ce qui s'appelle la cloison de la serrure; elle est marquée comme transparente, afin de laisser voir les dents ou pennetons du pignon; ces dents sont faites comme les pennetons d'une clef. On voit qu'il y a deux de ces dents ou pennetons; celui représenté perpendiculaire au-dessus de A, est à deux rebords, parce que, de même que les pennetons ordinaires des clefs, il sert également par ses deux côtés, contre des tétiaux ou dents de crémaillere du pêne. L'autre penneton, représenté près de la lettre B, n'a qu'un rebord, parce qu'il ne doit faire effet que contre une seule dent pour ouvrir le demi-tour. On remarque au-dessus de C, le tétiau que pousseroit vers D, le penneton perpendiculaire, jusqu'au-dessus de ce point D, pour fermer, ce qu'avec une clef à l'ordinaire, on appelle *le double tour*, c'est-à-dire, un second tour, dénomination, de second ou double-tour, donnée parce que cette clef, ou pignon, n'ayant, alors, qu'un seul penneton, est obligée de faire tout un tour après son premier mouvement, appellé le demi-tour. Lorsque le verrou est poussé à ce, double tour, le tétiau du pêne, qui est ici représenté au-dessus de E, se trouve, alors, avoir passé de l'autre côté de la figure d'une fléche, posée, dans le dessin, entre A & E, & l'on voit sur l'alignement, en allant du centre du pignon sous F, à la lettre D, un pointillé qui marque où le penneton à deux rebords doit arriver; on distingue aussi qu'il aura à parcourir environ vingt degrés de son cercle, pour revenir faire effort sur le tétiau, qui sera, alors, au-dessus de A, entre cet A & la fléche; & de même le penneton qui n'a qu'un rebord, ici représenté en B, aura environ 55 degrés à parcourir, avant de pouvoir faire effet sur son tétiau, qui sera revenu à la position C. Il auroit donc fallu que les deux tétiaux fussent exactement à un éloignement égal à la largeur qui se trouve entre l'extrémité des deux rebords du penneton, & que l'autre penneton se trouvât ne former, avec celui-ci, qu'un angle d'environ 45 degrés. Il résulte de ces deux défauts de construction, un balottement, un ferraillement, & du mouvement très-inutile & désagréable.

Il faut remarquer encore, que tout ce qui sert à donner au pignon la puissance de faire ou ne pas faire de mouvement pour arrêter le pêne, lui est communiqué par la combinaison établie sur une partie méchanique attachée hors de la boîte, par le moyen de deux vis, laquelle méchanique, telle qu'elle est exécutée, s'applique sur une ouverture qui entame le bois de toute la grandeur de ce méchanisme; mais ce défaut ne lui est pas inhérent; il n'est que dans les proportions données aux pieces, ou du moins, à leurs parties qui forment tuyaux ou cylindres. Au reste, on reconnoît, dans toute la construction de ce méchanisme, & dans chaque partie, que l'Auteur a parfaitement compris les demandes du Programme, & il les a remplies seulement avec le manque de perfection, ayant employé un frottement simple, au lieu d'un désengrénement; & s'il n'a fait, de sa Méchanique de combinaison, qu'une serrure d'armoire, comme on le trouvoit bon, c'est parce qu'il a placé l'obstacle sur ses pivots, au lieu de le placer sur l'épaisseur de ces pieces mobiles: mais il n'en a pas moins réuni trois moyens; la vue, l'ouie & le tact. Son méchanisme n'est ni cher ni compliqué; il est très-facile à exécuter & à placer dans une boîte de serrure; on en verra l'emploi perfectionné, à la Planche IV, Fig. 9 & suiv., & à la Planche V, Fig. 8 & suiv.

PLANCHE TROISIEME.

N.o XVI.

CONSTRUCTION DES PIECES MOBILES D'UN COMPTEUR ET D'UNE SOURDINE.

LA Fig. 27, dans sa partie supérieure, montre le dedans ou l'intérieur de la partie d'une de ces pieces, laquelle peut être garnie d'autant de dents qu'il y aura de divisions extérieures. Si cette piece est de métal, les dents peuvent être exactement à sa circonférence, pour avoir la facilité d'en multiplier le nombre, & placées comme on en voit la représentation près de A; si la piece n'est point de métal, les dents, au moins, doivent en être lorsqu'elle seroit de peu de dimension, & ces dents, alors, seront placées plus à l'intérieur, & comme il est représenté en B. On apperçoit que le centre est percé en quarré, dans lequel doit glisser l'axe, parce que cette piece doit toujours tourner avec l'axe commun.

La même Fig. 27, dans sa partie inférieure, représente le côté extérieur à cette partie de la piece. On voit la représentation d'autant de crans sur cet extérieur, qu'il y aura dans cette piece, de positions à choisir. Les cercles, au-dessus de D, marquent l'épaisseur d'un rebord dans cette piece; ce rebord, creusé dans la profondeur indiquée par la coupe, Fig. 28, au-dessus de I, fera connoître la forme de ce rebord & de son usage.

La Fig. 29, est le développement d'une portion de la face de l'épaisseur de la circonférence de cette partie de la piece mobile, supposée de métal, & qui porte à cette circonférence, sur un de ses côtés, des dents A, pour entrer dans l'autre piece; &, à son autre côté, on trouve à l'extérieur, la représentation des crans B, pour compter ses mouvemens.

La Fig. 30, offre le plan de l'autre partie mobile, de cette partie à frottement simple sur l'axe qui tourne avec lui, nécessairement, lorsque l'engrénage a lieu, mais qui laisse tourner l'axe sans elle, lorsque le tétiau-obstacle est entré dans sa mortaise, comme il est représenté, Fig. 31, entre A & le B, *qui est dans les hachures*, &après le désengrénement; de façon que ce frottement simple n'a pas l'inconvénient qu'il auroit, s'il n'y avoit pas un engrénement. On voit ici, Fig. 30, en A, les enfoncemens où doivent entrer les dents sur sa circonférence extérieure; & en B, où ils doivent être pratiqués, si ces dents sont plus vers le centre. Les hachures obliques, de gauche à droite, marquent la partie de la piece qui doit toucher à son autre partie, (le haut de la Fig. 27) quand l'engrénement est formé.

Les hachures horizontales F, dénotent l'enfoncement à pratiquer de ce côté, dans cette partie de la piece mobile, pour qu'elle reçoive un renflement de l'axe (représenté sous F, Fig. 28 & 31) qui serve à l'arrêter de ce côté. Dans cette même Fig. 30, la partie inférieure représente le côté de cette même partie de la piece, lequel regarde le palâtre de la serrure ou plaque du côté de la chambre; & ces mêmes cercles E, marquent une épaisseur ou renflement de plus à cette rondelle, vers le centre de la piece, au-delà duquel renflement d'épaisseur, cette partie de la piece mobile (pour qu'elle reste toujours sur le même lieu de l'axe ou pignon) est arrêtée, comme il est marqué par une pointe ou cheville désignée par un double trait, Fig. 31.

Cette Fig. 31 montre la coupe de cette même partie de la piece mobile. On apperçoit, au-dessous de l'un des B, par des hachures croisées, la place où devroit être entré le tétiau-obstacle; les deux parties de la piece étant ici représentées désengrénées; mais ce tétiau a été marqué au-dessous du lieu où il devroit être depuis la piece jusqu'à A, pour le mieux distinguer. On voit que, lorsque la piece aura avancé pour se rengréner, elle sera sur le pointillé près de l'autre B, lequel pointillé indiquera l'autre partie, cette partie qui porte les dents, & que l'on a représentée plus éloignée, pour éviter la confusion. Celle 31, ayant alors glissé contre le tétiau A, duquel la moitié (de son étendue sur l'épaisseur de la partie de la piece) restera encore dans l'entaille. L'axe se fait sentir ici par des hachures de droite à gauche; on y remarque la coupe de son renflement, qui entre dans l'enfoncement de la partie de la piece, renflement aussi représenté en F, Fig. 28. Ici, Fig. 31, on voit, en C, la coupe de l'épaississement donné à cette même partie de la piece, épaississement dont le plan est marqué en E, Fig. 30.

On trouve encore, dans cette Fig. 31, au-dessous de la lettre G, la coupe de la traverse (marquée de hachures de droite à gauche) qui contient l'engrénement des deux parties de la piece mobile, lequel doit s'abaisser pour descendre jusqu'à porter sur l'axe & contre le renflement, lorsque cet axe, après avoir été poussé en avant de l'épaisseur de ce renflement, le tétiau-obstacle (qui entre dans la piece à la place marquée A) pourra en sortir & reprendre la position où il est ici représenté près de A. On a désigné par un double trait, la place d'une goupille qui traverse l'axe sans presque le déborder, & qui, serrant cette partie de piece contre le renflement de l'axe la force à ne point changer de lieu sur cet axe. On distingue, près de E, l'enfoncement où entreroient les dents en tétiau C, Fig. 28, si elles ne sont pas placées sur la circonférence ; car, alors, leur place seroit dans l'entaille près de B, Fig. 31. On a représenté l'axe, comme rompu à l'endroit de sa partie renflée, qui entre dans l'autre partie de la piece, Fig. 31, où cet endroit est marqué d'un trait brisé, près de D.

La Fig. 28, est la coupe de la partie de la piece qui porte les dents, de l'une ou de l'autre façon. On voit, près de la lettre G, la coupe d'un des crans, marqué aussi par des hâchures horizontales. Au-dessous de la lettre H, sur la gauche. Au-dessous du N.° 28, on rencontre le tétiau à double biseau, porté au bout d'un balancier vertical, ici vu brisé, près de L, lequel balancier est toujours poussé par un ressort, pour aller s'appuyer au fond du cran désigné par les hachures horizontales. Ce tétiau-compteur, est ici représenté au moment où il seroit arrêté sur l'extrémité saillante de l'un des crans, & par conséquent, au point où il se trouve être reculé de sa position naturelle, de toute l'étendue de la profondeur de ce cran.

On remarque au-dessous du N.° 28, la forme d'une charniere, d'où sort une branche horizontale M, laquelle (ayant de longueur toute l'épaisseur du bois de la porte) saillira en dehors d'autant d'étendue que le tétiau en biseau ou compteur, reculera au passage de chacun des crans ; ce qui donnera, au tact, un second sentiment distinct & bien plus sensible que celui de la résistance qu'on sentira à faire remuer ce ressort, en tournant la piece ; & ce second sentiment aura lieu, sans diminuer le premier. L'autre bout de la bascule fera exactement le même effet au-dedans de l'appartement. On trouve, près de I, la coupe d'un rebord qui doit porter cette partie de piece, pour pouvoir être assujétie à ne pas changer de lieu dans la boîte de serrure, mais qui pourra laisser glisser sous elle son axe quarré, dans le tems qu'il se meut, pour désengréner ou rengréner. On a tracé, en pointillé, la figure de deux petits crochets I, qui doivent entrer sous ce rebord ; ces crochets doivent être attachés à la cloison de fond, où seront aussi attachés les balanciers qui portent à leurs extrémités, les deux poinçons à charniere, qui saillissent à chaque fois que le biseau (qui est à l'un des bouts du balancier) change de cran. Mais ces crochets ne devront & ne pourront être arrêtés dans leur position, (pour entrer dans la coulisse formée par le rebord, I, de la piece) que par le dehors de cette cloison de fond.

PLANCHE

PLANCHE TROISIEME.

N.° XVII.

SERRURE renversée, A COMPTEUR ET A SOURDINE.

LES Fig. 32, 33, 34, sont différentes représentations d'une serrure composée avec les especes de pieces détaillées Fig. 27 & suiv. auxquelles on voit que le *compteur* de M. Regnier a été adapté ; mais on s'appercevra qu'on y a ajouté les deux poinçons, saillants ensemble, & dans un même tems, au dehors des deux côtés. On y voit aussi, pour le cas où l'on voudroit changer la combinaison très-secrettement, sans bruit, & seulement à la vue, comment cela se peut faire au moyen d'une sourdine qui suspendra, à volonté, l'effet du compteur, & qui l'arrêtera dans la position où il est marqué, Fig. 28, lettre H, pendant tout le tems que la piece pourra, alors, tourner sans bruit, & sans qu'on éprouve aucune secousse par le tact.

La Fig. 32, sur une échelle de la moitié de celle des pieces, Fig. 27 & suiv. est la représentation de la cloison ou plaque de fond, qui appuie contre le bois de la porte. On distingue aux quatre coins, les ouvertures par où passent les quatre vis à tête, qui attachent la plaque d'entrée au dehors de la porte qu'elles traversent, ainsi que la boîte de serrure, & qui sont arrêtées par quatre écrous indiqués sur cette boîte, au dedans de la chambre, correspondant à leur quatre têtes, marquées A, Fig. 33, & la plaque du dedans peut être entierement semblable à celle du dehors.

DANS cette Fig. 32, près de la lettre B, on apperçoit l'ouverture de la plaque dans laquelle tourne la virole, dont le centre est quarré, pour recevoir le pivot ou axe de l'une des pieces mobiles. On voit auprès de cette virole, & de l'autre côté de B, l'indication d'un tenon rivé à cette plaque, fait pour porter la bascule du compteur, laquelle bascule est désignée même Figure, près de la lettre C. On trouve à cette bascule, la goupille qui traverse le tenon, laquelle goupille est le point sur lequel la même bascule porte. On voit près de la lettre D, le bout de la branche de cette bascule s'étendant en forme d'un T. Ce bout de branche, vers D, porte le tétiau taillé en double biseau, qui, successivement, entre au fond de toutes les profondeurs qui forment des crans au côté de la partie des pieces mobiles, qui regarde cette plaque ou cloison de fond ; l'autre bout du T, marque, au-dessous de E, la charniere représentée à gauche de H, Fig. 28, tenant le poinçon qui pénetre le bois de la porte pour saillir en dehors. On apperçoit encore, a l'autre extrémité de cette bascule, au-dessous du point F, un bout de traverse, dont l'extrémité (au-dessous de celle qui porte la charniere désignée sous E) porte aussi une semblable charniere qui tient un autre poinçon, lequel traverse la boîte de la serrure, & va saillir du côté de la chambre. Cette même bascule, vue de l'autre sens, est représentée dans la Fig. 34 ; on y rencontre, au-dessous de A, le poinçon qui traverse le bois de la porte, & qui va saillir au travers de la plaque d'entrée vers un point noir, à chaque cran où le tétiau, en biseau, fait son mouvement. Les pointillés que l'on peut remarquer, depuis l'endroit où est représentée la charniere, veulent indiquer la position du ressort qui, pressant continuellement sur cette branche de la bascule, la fait appuyer son tétiau en biseau sur le fond des crans avec quelque force, aussi-tôt que cela se peut. On observe, près de B, un point noir, vers lequel le poinçon (établi à charniere au bras inférieur de la bascule) est poussé toutes les fois que le poinçon supérieur est aussi poussé vers l'autre point noir. Il faut remarquer la continuation en bas de cette branche inférieure de la bascule, laquelle descend à-peu-près à la hauteur où passe la lame en coulisse N, qui tient aux deux boutons du pêne, l'un desquels boutons sert en dedans, l'autre en dehors ; & derriere cette continuation de la branche inférieure de la bascule, on peut voir un montant, qui, partant d'au-dessus de la lettre C, au niveau de M, s'éleve au-dessus de la hauteur de la lame en coulisse N, N, qui tient les deux boutons. Ce même montant, vu de face, est représenté, Fig. 32, sous la lettre I, & partant d'une traverse L, L, qui est supportée par deux tenons rivés à la plaque de fond. Ces tenons, entrant dans cette traverse L, L, y forment une coulisse où la même traverse, étant mue par le dehors, D, Fig. 34, ou par le dedans, M, glisse également. L'autre montant de cette traverse L, L, Fig. 32, est désigné sous une autre lettre I, & les têtes de ces deux montants, sont jointes par une autre traverse, représentée aussi en hachure de gauche à droite, Fig. 32, & presque de niveau avec la lame porte-obstacle, dont partie est vue en pointillé ; & c'est cette seconde traverse, allant d'un montant à l'autre, qui est cette partie de la piece faisant sourdine, qui pousse en avant la continuation ou prolongement des bascules, &, par conséquent, qui empêche l'engrénement du tétiau compteur, & qui fait donc une sourdine, lorsque cette coulisse, (portée sur les tenons à coulisse L, L) étant poussée vers le point M, Fig. 34, la traverse (qui joint les deux branches I,) avançant contre les prolongations des branches inférieures de la bascule, fait saillir alors des deux côtés, les poinçons ; & tant que ces poinçons reſtent ainſi ſaillants, le tétiau à double biſeau ne porte plus contre les crans de la piece mobile. Pour faire gliſſer le point M, du côté du dedans de la chambre, & établir ainſi la ſourdine, il faut, en dehors de la chambre, appuyer ſur le plateau circulaire déſigné, Fig. 33, près de la lettre D, lequel s'enfonce, mais qui ne ſe tient pas de lui-même dans cette poſition enfoncée, étant continuellement repouſſé à ſa place, par un reſſort attaché au-dedans de la plaque d'entrée, & repréſenté dans la coupe, Fig. 34, entre les lettres D & E. Ce petit cercle extérieur D, Fig 33, étant pouſſé, le coude de la branche qui tient à la couliſſe, ſupporté ſur les tenons L, L, Fig. 32, & en C, Fig. 34, avance, alors, vers le dedans de la chambre, & l'autre extrémité, qui porte un petit bouton ou anneau en dehors de la boîte, & au-deſſous du coulant du pêne, lettre M, devient ſaillante autant que le petit plateau D, ſe trouve enfoncé, de façon qu'en tirant ce petit anneau par le dedans de la chambre, on établit également la ſourdine. *N.ª* Ce que la Gravure a voulu repréſenter par les traits au-deſſous de la ſourdine (qui agit dans le milieu de la dimenſion, de face, de la méchanique) c'eſt la Figure d'une des vis, à tête quarrée d'un bout, & à écrou de l'autre, qui, par ſes quatre coins, attache la la méchanique à la porte.

La Fig. 33, eſt dans la proportion que doit avoir la plaque extérieure, relativement à celle du dedans de la chambre, & elle eſt également la repréſentation du palâtre intérieur, ou côté apparent de la boîte à l'intérieur de la chambre, mais qui ne doit avoir de dimenſion, que celle de la boîte, au lieu qu'on en donne davantage à celle extérieure, pour rendre les objets des cadrans plus ſenſibles, du côté où l'on peut n'avoir pas la facilité de voir auſſi clair, & pour mieux renfermer les têtes quarrées des vis à écrou.

On y trouve, auprès, & à hauteur de D, la repréſentation de l'anneau, pour tirer la couliſſe qui fait ſourdine; & de même, on voit la figure du plateau circulaire, qu'il faut, par le dehors, pouſſer en dedans, quand on eſt en dehors de la porte. Cette même figure repréſente le bouton à couliſſe du pêne, de laquelle couliſſe l'extrémité B ſe retire juſqu'au pointillé, preſque au-deſſus de D, à chaque fois que le demi-tour obéit ſur ſa gâche, pour la fermeture de la porte, & cette extrémité B, de la couliſſe, eſt portée en C, lorſque la combinaiſon étant établie, & que les dents ou renflements du pêne ont pu paſſer ſous les dents ou renflements du porte-obſtacle, les tétiaux obſtacles ſeront entrés dans les ouvertures des pieces mobiles, & que le pêne tout entier arrive dans ſa gâche.

Dans cette Fig. 33, on montre l'égalité de décoration pour le dedans & le dehors de la porte, qui a tracé, près de E, une aiguille forte & ſolide, qui ſert à faire tourner la piece mobile; &, en F, comment elle peut être mûe plus aiſément, au moyen d'une boucle qui feroit charniere avec cette aiguille: mais l'aiguille reſtant toujours parallele à la plaque. On voit à la Fig. 34, cette boucle repréſentée en coupe, lettre F, & le pointillé marque où elle ſe tient, quand le déſengrénement n'eſt point opéré, & alors l'aiguille de l'autre bout de l'axe, marquée G, ſe trouve toucher à la Figure du cadran, où ſont les vingt-quatre dimenſions indiquées.

On obſerve, Fig. 32, près de N, l'emplacement du reſſort qui a ſon pareil à l'autre bout, pour rappeller continuellement le porte-obſtacle à deſcendre & à ſortir hors des pieces mobiles, & à ſe rapprocher du pêne. On n'a marqué entierement la Figure des branches du porte-obſtacle, (qui empêchent le déſengrénement) que pour une des pieces; le reſte n'eſt déſigné qu'en pointillé. Une plus ample deſcription de la Figure, ne peut être néceſſaire après toutes celles qui ont précédé pour ces eſpeces de méchaniſmes.

N. B. Cette ſerrure eſt ici repréſentée dans la poſition où tout Serrurier dira qu'elle eſt renverſée, & ce feroit une faute contre les Statuts & les obligations de leur Maîtriſe, que de placer ainſi une ſerrure, ayant ſon pêne dans la partie baſſe de la ſerrure. L'uſage s'eſt établi d'appeller une clef *renverſée*, lorſque l'on en tient le penneton élevé; & comme il faut que ce penneton ait paſſé par les cloiſons, gardes & garnitures qui correſpondent aux ouvertures qui y ſont faites, avant que d'arriver à ce qu'on appelle le grand reſſort, que le penneton doit faire reculer pour pouvoir agir ſur le tétiau du pêne, & le pouſſer, il faut que ce pêne ſoit au-deſſus de l'entrée de la clef, & que cette clef ne ſoit pas renverſée (*). Il eſt auſſi de convention, que, par le dehors d'une porte, il faut tourner la clef de gauche à droite, pour entrer, &, de droite à gauche, pour fermer; & cela ſuppoſe, que la porte eſt le plus ſouvent montée pour ſe pouſſer ſur la droite de la chambre où l'on entre: quant aux portes qui s'ouvrent ſur la gauche, on a ſoin de demander des *ſerrures à gauche*, au lieu d'employer les mêmes ſerrures que pour les autres portes, parce que ſi on les y employoit, il faudroit qu'alors le pêne ſe trouvât deſſous l'entrée de la clef, & il faudroit auſſi que cette clef ſe préſentât renverſée pour y entrer; mais avec les ſerrures à combinaiſons, il y aura cette difficulté de moins; car la méchanique de combinaiſons peut être au-deſſus comme au-deſſous du pêne, ſans aller contre aucun ſtatut des Maîtres Serruriers.

(*) *La bonne raiſon, pour éviter de ſe ſervir de Serrures renverſées, c'eſt qu'il feroit plus facile à des gens malfaiſans ou à des poliſſons, d'y jetter des ordures, qui pourroient y reſter & nuire à la Méchanique; ce qui ſe feroit plus difficilement, ſi les gardes étoient placées au-deſſus de l'ouverture, pour le paſſage de la clef.*

PLANCHE QUATRIEME.

N.° XVIII.

SERRURE DE L'ESPECE COMPOSITE.

LA Fig. 1.re (*) (sur la ligne A B C D de la Fig. 2,) est la coupe horisontale de la méchanique, & du bois de la porte à laquelle elle seroit attachée. On voit en A, Fig. 1.re, la coupe du pignon qui fait mouvoir le pêne; il sort de ce pignon trois penneton, 1.° celui perpendiculaire, en-haut, qui va faire mouvoir le pêne, & qui n'est pas ici désigné; 2.° celui presque perpendiculaire, en dessous, qui va abaisser l'obstacle au désengrénement, & qui, non plus, n'est pas ici représenté; 3.° celui horisontal, qui va pousser le porte-obstacle contre les pieces mobiles, pour faire entrer, dans leurs entailles, ses tétiaux ou ses obstacles, lorsque toutes les entailles se trouvent vis-à-vis d'eux. Ce penneton est indiqué à la lettre B, & son extrémité va jusqu'au pointillé C... Cette lettre C est placée sur le plan du haut de la piece porte-obstacle, qu'on a représentée ici sous le C, en plan horisontal, quoique cet endroit de ladite piece, se trouve plus haut que la ligne de coupe C D de la Fig. 1.re.

On remarque les cinq dents, ou tétiaux de cette piece-obstacle, qui ont, de longueur, 1.° l'étendue dont ils doivent pénétrer dans les parties des pieces mobiles où sont les entailles; & de plus, 2.° un peu plus que l'étendue ou saillie des dents de ces mêmes parties de pieces qui engrénent dans les roues qu'on met en mouvement, par le dedans de la chambre, afin que les dents de ces parties extérieures aux pieces mobiles, ne puissent pas être accrochées par le corps du porte-obstacle.

On distingue les parties des cinq pieces mobiles, marquées 1, 2, 3, 4, 5 (**), qui par leur circonférence intérieure, s'engrénent chacune avec leurs parties intérieures. Du côté où sont les chiffres, le désengrénement est figuré de l'autre côté où l'engrénement est formé, les hachures croisées indiquent les dents des unes & des autres, passées l'une dans l'autre; on voit que chacune de ces parties intérieures est attachée à l'extrémité de différens cylindres; que celle numéroté 1.re, répond au cylindre qui a le plus grand diametre, & dont l'autre extrémité en dehors de la porte, soutient le cercle extérieur, aussi numéroté 1, & ainsi de suite: la cinquieme piece correspond avec le cercle intérieur numéroté 5. On trouve l'espace F vuide, entre le premier plateau circulaire & l'enfoncement pratiqué dans le bois de la porte, si l'on n'a pas voulu établir une plaque avec ses rebords, en dehors de la porte saillante, de toute l'épaisseur des cinq plateaux, & de celle de la distance nécessaire pour le désengrénement, le tout égal à la distance entre F & G.

Dans cette même Figure, du côté où est représenté le moment où l'on a désengréné, on a marqué aux cinq plateaux circulaires, comment peut être établie leur jonction avec leur cylindre, par deux angles I, K, au lieu d'un seul de 90 degrés; ces cinq plateaux paroissent ici reculés au fond de l'entaille faite au bois de la porte; ils ont poussé avec eux leurs cylindres, & ceux-ci, la partie intérieure à dent de chaque piece mobile qui y est rendue adhérente. Chacune de leurs dents sont ici dans l'espace vuide des parties extérieures, & l'on remarque comment l'on peut alors changer la combinaison en faisant tourner comme on voudra les parties intérieures des pieces mobiles, par le moyen de leurs cylindres ou cercles concentriques.

Ce qui fait que l'on peut opérer le désengrénement, c'est que le bout de la piece H (qui est marquée ici entre un renflement, représenté en hachures croisées, attaché après-coup à l'axe), ce bout, dis-je, qui paroît entre ce renflement & la plaque de la boîte de la serrure, quand il a été baissé par le moyen de l'effet d'un des pennetons de l'axe du pêne, permet alors seulement de pousser le bouton L, de l'axe des cylindres, ou bien de tirer à soi l'anneau M; ainsi le renflement peut, seulement par cette opération, approcher du parois apparent de la boîte, du côté du dedans de la chambre.

Je ne peux pas concevoir de moyen simple & facile pour faire mouvoir la partie intérieure de la piece mobile, par le côté du dedans de la chambre; il y auroit peut-être un moyen qu'on pourroit appeller simple, mais qui n'est pas facile; ce seroit d'ôter toutes les parties extérieures & d'arranger alors autrement celles intérieures, puis de remettre ces parties extérieures. Pour parvenir donc, par le méchanisme que j'ai appellé de la deuxieme espèce, à pouvoir faire une serrure de chambre & d'appartement, avec laquelle on puisse s'enfermer en dedans & ouvrir, je suis forcé d'y joindre un autre méchanisme, & j'emploie ici celui de la troisieme espece, qui

(*) La Fig. 1.re auroit dû être gravée en retournant le dessin, comme le reste.

(**) Le Graveur auroit dû marquer les parties des pieces mobiles, avec des hâchures d'un même sens, du côté du pignon du pêne, ou de l'autre.

fait le reſte de cette ſerrure; mais je ne peux encore parvenir à faire, comme avec les deux autres eſpeces que j'ai nommées premiere & troiſieme; je ne peux, dis-je, trouver à faire, que l'on puiſſe changer les combinaiſons par le dedans: ce n'eſt pas là certainement un inconvénient réel, & c'eſt encore formellement remplir plus que la demande de la Société d'Emulation, puiſque c'eſt toujours même y ajouter ce qu'elle n'exigeoit pas qu'on pût faire; ſavoir, s'enfermer en dedans, de façon que ceux de dehors ne pourront ouvrir que par la combinaiſon, tandis que par le dedans on pourra toujours ouvrir ou fermer.

Voici comme j'ajoute le méchaniſme de la troiſieme eſpece. La Fig. 2, ſur une échelle moitié de celle de la Fig. 1.re, fait voir le dedans de la ſerrure, quand la plaque ou le palâtre de décoration du dedans de la chambre eſt enlevée. Il y a ici trois plans, vus l'un ſur l'autre; le premier ou le plus ſaillant, de la forme à-peu-près d'un fer-à-cheval, avec une extenſion d'un côté, eſt repréſenté entre des points allongés, & par un peu plus de noir dans les traits qui offrent ſimplement la figure de la cloiſon, ſervant à tenir & les axes des cinq roues numérotées 1, 2, 3, 4, 5, & celui du gros pignon du pêne; cette plaque eſt attachée à celle du fond qui s'applique ſur le bois de la porte. On obſerve des deux côtés, deux bouts de cette cloiſon, qui forment deux pattes qui ſont repliées en dehors des Lettres E, F, & qui vont appuyer ſur la plaque de fond où ils ſont attachés par deux vis. On a gravé cette cloiſon comme tranſparente, pour laiſſer voir le ſecond plan. La Fig. 3, de A, juſqu'à B, marque la coupe de cette cloiſon ſur les lignes de la Fig. 2me, M, M, & O, O, paſſant par l'axe de la piece, n.° 5, & au-deſſus des pieces, n.os 3 & 4.

Le même ſecond plan, Fig. 2, offre, d'abord, en L, la partie de la piece qui ſert à empêcher le déſengrénement, ou à le laiſſer effectuer. Cette piece H, Fig. 1.re, ſe trouve ſe courber en Q, même Figure, pour regagner le milieu de l'épaiſſeur de la ſerrure; elle tient librement ſur un fort pivot, près de G, Fig. 2.me; elle eſt continuellement pouſſée en-haut par le reſſort marqué être attaché près de H, même Fig. 2.me. Lorſque le penneton I du gros pignon, paſſe ſur le renflement marqué deſſous de I, l'extrémité L, de cette piece, baiſſe de toute l'etendue dont elle eſt montée, juſqu'à l'axe, & vis-à-vis du renflement de cet axe, (renflement déſigné par des hachures croiſées, Fig. 1.re) lequel axe peut, alors, avancer & porter ſon renflement contre la plaque ou palâtre de décoration, du côté de la chambre, & effectuer le déſengrénement. On pourroit, ſi l'on veut, établir le penneton, pour l'obſtacle, à un autre endroit du pignon, & directement tout auprès du palâtre où doit agir cette piece-obſtacle, & avoir alors cette piece toute droite, & ſans faire de coude ou de courbe, comme elle eſt ici marquée en former un.

Le même ſecond plan, offre d'abord la roue n.° 5, laquelle engrene avec la partie extérieure de la piece mobile, n.° 5. Au même niveau, à-peu-près, ſe trouvent auſſi les bouts ſaillants des pênes *a*, *a*, formant un coude doublement; l'un de ces coudes eſt horiſontal, pour regagner le palâtre du dehors de la boîte, & ſe voit Fig. 3; l'autre, pour regagner le milieu de la hauteur, eſt perpendiculairement au-deſſus des roues n.° 2, & n.° 3, & derriere la roue n.° 5, ce coude-ci eſt repréſenté dans le plan de la ſerrure, Fig. 2; à ce deuxieme plan, c'eſt enſuite la roue n.° 4, qui ſe préſente. Derriere celle-ci, les objets, au même niveau de ce plan, ſont, 1.° la coupe du porte-obſtacle, dans ſa tête, ſur la ligne C B de ſon plan, Fig. 1 & 2; 2.° le gros pignon du pêne, avec ſes trois pennetons, repréſenté dans la poſition libre, *dite du demi-tour*: on reconnoît par le pointillé, d'un côté, juſqu'où vont ſes pennetons, lorſque la gâche repouſſe le pêne, ou bien lorſqu'on tourne le pignon de ce côté; on remarque, de l'autre ſens, juſqu'où ces pennetons vont, lorſque celui horiſontal, I, (appuyant ſur le renflement du porte-obſtacle) celui-ci peut faire entrer ſes tétiaux ou dents, dans leurs entailles, dont une eſt marquée en pointillé vis-à-vis d'une dent-obſtacle; ce porte-obſtacle attaché ſur le pivot P eſt toujours repouſſé hors des entailles des pieces mobiles, par le reſſort Q. Plus près de ce dernier plan, eſt celui de la roue n.° 1, & derriere celui-là, on découvre la queue ou tige des pênes, gliſſant par deux couliſſes ſur des languettes attachées à la plaque de fond, leſquelles languettes portent une vis ſur laquelle eſt un écrou qui contient cette queue du pêne; on voit, tracée en pointillé, la poſition où les pênes reculent pour ouvrir la porte, & celle où ils avancent pour la fermer, comme ce qu'on appelle à *double-tour*, & qui s'appelleroit *à fait*, ainſi qu'on le dit en Flandres, ce qui eſt l'équivalent de *tout-à-fait*; car il n'y a pas de tour à faire faire au pignon. On obſerve à l'autre extrémité, à la queue des pênes, les deux tenons ou tétiaux entre leſquels agit le grand penneton. Le plan du pêne, & de ſes tétiaux de l'autre ſens, ſont vus à la Fig. 3. On apperçoit comment ils ſont ſaillants, vers l'intérieur de la chambre. Auprès du dernier des tétiaux de la queue du pêne, dans cette Fig. 3, & à hauteur de la lettre C, on trouve l'appui du bout du reſſort repréſenté, Fig. 2, ſous les lettres R, S, & l'on remarque, Fig. 3, en D, juſqu'où va le bout du reſſort, quand il recule juſqu'en T, Fig. 2.

Le dernier plan, Fig. 2, eſt celui de la plaque de fond, qui porte au milieu une ouverture pour laiſſer paſſer le plus gros des cylindres, & d'autres moindres ouvertures pour les cinq axes des roues; cette plaque de fond doit être percée encore aux quatres coins, afin de pouvoir être attachée contre la porte, par des vis en bois, indiquées Fig. 3, lettre E.

On diſtingue, dans cette Fig. 3, ſur le coin des cloiſons de côté, comment doivent être placés des écrous, pour attacher la plaque de deſſus, ou bien il faudroit placer autrement les vis, faites pour attacher la plaque de fond au bois, &, alors, que celles qui tiendroient la plaque du deſſus, allaſſent paſſer par les trous des quatre coins de la plaque de fond, pour entrer dans le bois de la porte; car il faudra toujours placer la méchanique avant que de placer la plaque qui la couvre du côté de la chambre.

On

On voit, Fig. 2, près de V, où doit être attaché, à la plaque de fond, un appui, espece de *ber*, ou berceau, servant à supporter fermement les cinq parties extérieures des pieces mobiles, & à les retenir en place pendant qu'on les fait entrer au-dessus de leurs parties intérieures, attachées à l'extrémité des cylindres : cette piece doit être ôtée quand on a monté la serrure sur sa porte, & il faut la placer au-dedans de la boîte, comme près de la lettre X, pour la retrouver, & s'en servir au besoin.

La Fig. 4, montre la décoration extérieure de la serrure, en dedans de la chambre; les cercles sont gravés; ce sont leurs seuls axes qui tournent par l'effet de l'espece de grosse aiguille tenue, comme une boucle, par trois parties de charniere : ces cercles sont divisés à fantaisie, & il faut toujours les ramener à la position, unique & déterminée par la construction, pour que le pêne ait son mouvement.

On trouve, autour de la lettre A, l'anneau qu'on peut tirer pour opérer le désengrénement; mais il faut toujours revenir au dehors, pour changer de combinaison. Près de B, est la Figure d'une grosse aiguille marquant la position du penneton qui meut les pênes; son extrémité arrive en C, toutes les fois que la porte s'ouvre & se ferme, & elle ne vient en D, que lorsque la combinaison a été établie pour fermer *tout-à-fait*.

Afin de symmétriser, on peut placer, de l'autre côté vers E, une autre aiguille semblable; elle serviroit à faire mouvoir un petit verrou-targette, au dedans de la serrure, pour s'enfermer dans sa chambre, quand on ne veut pas, à cet effet, troubler la combinaison. Le petit verrou symmétrise aussi sur l'épaisseur de la serrure, Fig. 5, où il paroît trois bouts de pêne. Cette Fig. 5, montre, en A, la saillie du bouton du bout de l'axe, marqué L, Fig. 1.

On n'a point donné ici la Figure de l'extérieur de cette méchanique, dont la coupe est vue ici de grandeur naturelle, dans la Fig. 1.re; mais la Fig. 7 de la Planche 1.re, en est une représentation suffisante; & c'est sur le côté de ces cercles que se pose la plaque qui porte le bouton extérieur; plaque dont la coupe est marquée Fig. 1, lettre N, & ici, Fig. 5, entre B & C, où l'on voit glisser dessus une grosse aiguille, pareille ou plus forte que celle du dedans, pour faire agir & mouvoir le gros pignon.

La plaque, représentée entre B & C, au lieu d'être placée à côté des cercles concentriques, peut faire partie ou extension d'une plaque sous laquelle ces cercles seroient renfermés.

On apperçoit en D, Fig. 5, la vue, par le côté, de l'anneau M, Fig. 1, &, en E, Fig. 5, la vue, par le côté, d'une des aiguilles à charnieres des cinq roues, Fig. 4, lesquelles roues faisant mouvoir, d'un côté, le cercle qu'elles engrenent, feront tourner celui des cercles concentriques extérieurs, qui y correspond dans un sens opposé.

Une semblable serrure doit avoir ses pieces mobiles, du diametre de 15 à 16 lignes, au moins, non compris leurs dents, pour que ces dents, au nombre de vingt-quatre, ayent à-peu-près une ligne de grosseur, & il faut qu'elles soient de fer ou d'acier, ainsi que les roues qui les engrénent; car, quand deux roues engrénent ainsi à côté l'une de l'autre, il n'y a jamais qu'une dent qui fait effort, & ici, pour faire mouvoir les cercles ou cylindres concentriques, il peut y avoir un assez grand effort de frottement à vaincre dans ces cylindres, à moins d'une exécution très-soignée.

Cette serrure, parfaitement exécutée, peut être d'une décoration fort agréable en dehors & en dedans, & même aussi plus commode que bien d'autres serrures à combinaisons. C'est donc, sur-tout, & seulement pour les gens riches, en état d'en payer la façon, qu'elle peut convenir; ceux-là, ont aussi beaucoup moins que d'autres, le besoin d'une serrure qui serve à enfermer quelqu'un avec eux, dans leur appartement ou leur cabinet; ils ont donc bien peu d'occasion d'employer le méchanisme, uniquement par le dedans de leur chambre, d'ailleurs, pour s'enfermer, ils ont toujours le verrou-targette, & sortir entierement de sa place.

La Fig. 7, représente ce même méchanisme, mais qui ne peut ouvrir & fermer que par le dehors, & par conséquent, où l'on ne peut non plus établir la combinaison, que par le dehors. Ici, l'extrémité des cylindres, formés chacun par deux tuyaux de fer-blanc, porte entr'eux & par le bout, une partie de fer, d'où il se releve des dents qui entrent dans les entailles faites au centre des roulettes, parties extérieures des pieces mobiles. Un côté montre, en A, la position, lorsque l'engrénement est formé. Le côté B, marque lorsqu'il est désengréné. Il y a un avantage à cette construction; c'est que comme il faut tirer en dehors les plateaux circulaires, pour le désengrénement, il ne reste pas de vuide entre les plateaux & le bois de la porte, lorsque la combinaison est établie, & l'on n'a pas à craindre que la violence employée ne force les plateaux, en les appuyant, comme il pourroit arriver par le méchanisme précédent, & qu'on peut le reconnoître à l'inspection de la Fig. 1.

Mais, d'un autre côté, ce méchanisme, Fig. 7, présente un inconvénient; c'est celui d'obliger à avoir les pieces mobiles beaucoup plus épaisses; 1.° une partie de cette épaisseur, doit être occupée par leurs crans ou entailles; 2.° il en faut une un peu plus grande, où puisse jouer librement le crampon ou cran saillant de l'extrémité du cylindre, ou partie intérieure de la piece mobile; & 3.° il est nécessaire d'avoir un rebord au plus petit cylindre, pour ne pouvoir pas être retiré hors de sa partie extérieure mobile, & sortir entierement de sa place.

Mais, dans cette construction, on peut encore établir les cylindres d'une autre maniere, pour qu'une fois placés, ils restent également enfoncés dans cette même position, la Fig. 8, sur une fort grande échelle, au bas de la Planche, peut en faire concevoir le méchanisme.

Soit supposé A, la coupe d'un côté du cylindre intérieur, ou le plus petit, on voit, en B, une entaille jusqu'à la moitié de son épaisseur, dans tout le contour du cylindre, dont C représente la coupe du plateau.

On établira de même, à l'extérieur du second cylindre D, mais plus loin du plateau, une entaille circulaire E, & au dessus de celle B, du cylindre intérieur, on pratiquera une ouverture où l'on fera entrer un petit parallélipipede, qui aura de longueur une fois & demi l'épaisseur du cylindre; ce parallélipipede, ici représenté en F. Le troisieme cylindre G, si l'on n'en employoit que trois, ou le dernier, si l'on en employe un plus grand nombre, ne portera qu'une ouverture pour recevoir le petit parallélipipede, dont une partie doit entrer dans l'entaille circulaire, ici marquée E, & ce dernier parallélipipede sera retenu par un cylindre mince & sans entaille, qui entrera par-dessus le dernier ici supposé G.

On peut remarquer dans la Fig. 7, entre deux des parties mobiles, le jour qui paroît seulement dans le milieu de leur dimension, afin qu'elles ne se touchent que par des lignes, ou de très-petites surfaces, moyen de diminuer beaucoup de frottement.

PLANCHE QUATRIEME.

N.° XIX.

Serrure très-simple, qui peut être construite au moindre prix possible, & être ouverte la nuit, sans lumiere, & d'une seule main.

Cette méchanique est exactement celle immaginée par M. Regnier, mais dans laquelle on a évité le défaut du frottement, ou simple, ou à ressaut. Cette piece est exécutée uniquement en bois; elle est représentée pour pouvoir être appliquée à une porte quelconque; mais il faut alors y employer un ressort en fer, pour abaisser le porte-obstacle, afin de ne pas occuper plus de place que la boîte qui la renferme.

La Fig. 9, sur une échelle de 3 lignes pour pouce, représente une serrure où la combinaison s'établit par le dedans de la chambre seulement. Le Graveur n'a pas exactement suivi les proportions, sur-tout, dans la partie du pêne, qui doit être indiqué par une piece de 13 à 15 lignes d'équarrissage. Entre A & B, est le pignon à deux pennetons, lesquels font mouvoir le pêne. Si le penneton A, est poussé vers B en faisant tourner le pignon, il retire, par-là, le biseau ou demi-tour, qui fait ce mouvement de lui-même, lorsque le biseau du pêne frappe sur la gâche, & le ressort I, I, le ramene toujours à sa saillie naturelle. Le penneton B, étant poussé vers A, fera avancer le pêne jusqu'où l'on voit sa représentation en pointillé, aussi-tôt qu'il pourra faire passer son tétiau sous le porte-obstacle perpendiculaire, lequel ne peut s'élever que lorsque les petits tétiaux-obstacles (qu'il porte au-dessous), pourront entrer dans les échancrures des parties extérieures des pieces mobiles. Ces obstacles, & la place où ils doivent entrer, sont figurés en pointillés.

Entre C, D, est, dans cette méchanique portative, une plaque de fer, ou crampon, qui embrasse le pêne, & qui doit s'attacher avec deux vis ou deux clous, sur l'épaisseur de la porte. Mais quand c'est pour un lieu stable, on peut n'employer qu'une piece de bois de 15 à 18 lignes de large, sur deux pouces d'épaisseur, dans laquelle passe le pêne.

Au-dessous de E, on voit la coulisse dans laquelle glisse la queue du pêne. La lettre F représente un passant attaché, à vis en bois, qui contient le porte-obstacle par en bas, & près de G, c'en est un autre pareil, qui le fixe par le haut. Son extrémité supérieure est toujours repoussée de haut en bas par le ressort H. On remarque près de L & M, deux petits ressorts qu'on peut faire en bois, (ils seroient mieux en fer & à aussi bon marché), lesquels poussent continuellement la partie extérieure, contre le porte-obstacle perpendiculaire. Au-dessous de M, & à droite, & au-dessus de E, est la marque de deux charnieres qui tiennent le couvercle de la boîte de serrure; & sur la gauche de I, est le crampon à passant, qui sert à arrêter ce couvercle avec un petit crochet. Ces charnieres & crochets peuvent être de fil-de-fer, & la boîte, d'ouvrage de *Layetier.*

On observe à côté de la *Fig.* 9, sur la droite, la représentation de la coupe de cette méchanique; mais on a fait connoître par des hachures obliques, de gauche à droite, l'épaisseur du bois de la porte; elle est beaucoup trop foible: elle devroit être ici de 3 lignes au moins de dimension, pour représenter un pouce ou 15 lignes d'épaisseur; on n'a marqué de même, qu'un double trait pour montrer la plaque de fond, ou la planchette du fond de la boîte de serrure, désignée par les hachures perpendiculaires, *Fig.* 9. Celles obliques, même Figure, représentent la porte même.

Dans cette *Fig.* 9, le double trait qui entoure la planchette de fond, devroit être marquée pour représenter 3 lignes environ de l'épaisseur naturelle, celle des petites boîtes pareilles des *Layetiers*, faites en chêne ou hêtre. La coupe ne présente pas celle du couvercle de la boîte, qui auroit dû y être tracée.

La Fig. 10, est la représentation de l'extérieur d'une portion de la porte, sur laquelle ce méchanisme est employé. On voit une des trois grosses aiguilles qui tiennent chacune au pignon des trois pieces mobiles. Il y a dans la circonférence vingt-quatre points distingués par autant de clous à tête d'épingles, sur un cercle de 4 pouces environ de diametre, ce qui donne à-peu près 6 lignes d'espace entre chacun de ces points, espace suffisant pour que chacun des points soit très-sensible au toucher, & très-distinct de son voisin. Il faut, pour faciliter la reconnoissance de ces 24 points, marquer les points cardinaux, comme ceux droite & gauche, ou Est & Ouest, par un double clou d'épingle, & ceux à côté de Nord & Sud, par un petit passant qui servira aux deux cercles qui se touchent. On convient d'appeller un de ces quatre points, ou tel autre, par la premiere lettre de l'alphabet, & celui qui le suit, à droite ou à gauche, par la seconde, &c. Supposé qu'on ait pris le point d'en haut, ou du Nord, pour A, & celui le plus près a droite, ou vers l'Est, pour B, on aura G à l'Est, N au Sud, & T à l'Ouest. Après T, comptez U, V, X, Y, Z, vous reviendrez au point Nord à nommer A. Avec cette distinction aux points cardinaux, on n'a jamais que deux ou trois tâtonnemens à faire pour bien placer la pointe de l'aiguille, précisément auprès de la tête du clou d'épingle.

Par cette conſtruction de méchaniſme, plus eſt grand le cercle décrit par la pointe de l'aiguille extérieure, en même-tems que plus eſt petit le cercle des pieces intérieures, plus alors il y a de facilité à retrouver le point ſuffiſant de préciſion, pour le jeu de la piece porte-obſtacle; & c'eſt cet éloignement, à donner entre les axes des pieces mobiles, qui oblige à l'étendue de l'eſpace que doit occuper une ſemblable ſerrure, mais elle n'entame pas plus le bois qu'une autre, & ſeulement par autant de trous ronds qu'il y aura de pieces mobiles, &, de plus, par celui du pignon qui fera mouvoir le pêne.

La Fig. 11, au coin de la Planche, ſur une échelle de 6 lignes pour pouce, eſt la coupe verticale par le milieu d'une des pieces mobiles. On voit en A, la plaque ou planchette de fond de la boîte, ou caſſette de ſerrure. Dans cette planche de fond eſt entaillée la place où recule le reſſort B, lorſqu'il eſt pouſſé par la partie extérieure de la piece mobile D, ce qui la fait déſengréner de ſa partie intérieure C, & alors l'axe étant mis en mouvement par l'aiguille G, fait tourner cette partie intérieure, & lui donne une autre poſition relative avec ſa partie extérieure D.

La lettre E repréſente la coupe du montant perpendiculaire, ou porte-obſtacle, qui contient en place la partie extérieure, & à fleur de la partie intérieure de la piece mobile.

Le petit eſpace F, avec des hachures claires, eſt la coupe de l'épaiſſeur de la porte; il faut pour opérer le déſengrénement & le changement de combinaiſon, il faut, 1.° dis-je, ouvrir la boîte ou caſſette, & enſuite appuyer d'une main avec deux doigts ſur la partie extérieure de la piece mobile, pour la faire déſengréner, &, de l'autre main, tourner l'aiguille & la placer ſur un autre point: on peut également tourner la partie extérieure mobile avec la main qui la tient appuyée ſur la plaque de fond, & la faire ſe rapporter à un autre point qu'il faudra reconnoître & chercher avec l'aiguille extérieure, pour remettre le pêne en jeu, & effectuer la fermeture *à fait*, ou l'équivalent du double-tour des ſerrures ordinaires.

Il eſt certain que l'indiſcret, pour ne rien dire de plus, qui verra fermer une ſemblable méchanique, pourra reconnoître la combinaiſon choiſie; c'eſt, je crois, un très-petit défaut, car on peut dire, très-poliment, qu'on ne veut pas donner ſa clef, & pour cette méchanique, comme pour toute autre de combinaiſons, c'eſt toujours la confier, que montrer ou laiſſer voir la combinaiſon par laquelle on la ferme, combinaiſon dont il faut toujours troubler les marques extérieures, pour que la porte ſoit réellement fermée.

Dans cette conſtruction, on a laiſſé le défaut de toutes les ſerrures préſentées juſqu'à préſent, celui de n'être pas ſuſceptibles de s'ouvrir & ſe fermer en-dedans, & de s'enfermer à combinaiſons, lequel défaut provient de ce que l'obſtacle ou porte-obſtacle opere, en paſſant ſur les axes des pieces mobiles. La Fig. 13, fait voir comment on peut établir le porte-obſtacle, de façon à ce qu'il ne gêne point l'axe des pieces mobiles; pour cet effet, la traverſe qui portera le tétiau-obſtacle, ſera attachée à deux tringles, qui paſſeront en dehors des pieces mobiles; & la Fig. 9, fait voir, en pointillé, ſur la droite, la forme du porte-obſtacle, en échelle, chaque échelon portant ſon tétiau-obſtacle; mais pour opérer le déſengrénement, tant en dehors qu'en dedans, & changer la combinaiſon, ouvrir ou fermer également d'un côté & de l'autre ſans lever le couvercle de la boîte de la ſerrure, il faut, *pour que la ſerrure ou méchanique ſoit renfermée*, il faut, dis-je, employer une baſcule, qui appuye à volonté ſur la partie extérieure de la piece mobile, & qui la faſſe baiſſer dans le tems où elle le pourra ſeulement, par la préſence du tétiau-obſtacle dans ſon entaille, c'eſt-à-dire, la combinaiſon étant établie.

La Fig. 12, repréſente la coupe de cette méchanique de baſcule, pour laquelle il faudroit beaucoup d'adreſſe & trop de ſujétion, ſi l'on vouloit ne l'exécuter qu'en bois. La lettre A, indique un petit plateau circulaire, de la dimenſion du bout du doigt, ſur lequel, en appuyant, on le fera baiſſer juſqu'à B, lorſque le point C pourra approcher du niveau de la piece D, par l'abſence de la partie du porte-obſtacle G, de deſſous une branche de la baſcule marquée au point C. Alors, par le dehors, en appuyant de même au point E, lorſque l'obſtacle F arrivera vers la piece mobile D, en même-tems que G ſera deſcendu au-deſſous de C, la baſcule prendra la poſition figurée en pointillé, de quelque côté qu'elle ſoit pouſſée, ſoit par le dehors, ſoit par le dedans, & elle opérera le déſengrénement. Cette ſerrure aura alors toutes les qualités qu'on peut demander, & c'eſt ce que M. *Regnier* auroit pu imaginer, ſi l'on avoit demandé une ſerrure qui eût toutes les qualités des ſerrures de ſûreté, pour un appartement.

Cette eſpece de ſerrure s'exécute, à Paris, pour neuf, douze & quinze livres, ſelon le fini du travail, par un habile Méchanicien, Maître Tablettier, le ſieur *Latre*, maiſon du Singe vert, au quatrieme, cet Artiſte intelligent a exécuté une partie de tous les méchaniſmes ci-deſſus. Le ſieur *Bavan*, Ebéniſte, rue Neuve Saint-Roch, exécute auſſi diverſes ſerrures en bois, pour un prix très-médiocre.

PLANCHE

PLANCHE QUATRIEME.

N.o XX.

SERRURE EN BOIS ET A CYLINDRE.

LA Fig. 14, eſt le plan d'une ſerrure à cylindre concentrique, exécutée toute en bois de buis, ſur une dimenſion double de celle ici repréſentée, où l'on voit que ſa boîte eſt marquée enlevée, rien de la méchanique n'étant attaché à la boîte, ni la traverſant. Une pareille ſerrure eſt de l'eſpece de celles des coffres ou armoires, qui ne s'ouvrent ni ne ſe ferment que par le dehors. De ſemblables méchaniques, employées à une porte, ne ſont effectivement que des verrous à combinaiſons, qui ſe ferment au-dedans de la chambre, par le dehors de cette chambre, & comme tels, on peut s'en ſervir pour augmenter la ſûreté que donne une bonne ſerrure ordinaire.

On voit, par des lignes ponctuées A A, la repréſentation de la place qu'occupent les plateaux circulaires, apparents au-dehors de la chambre, deſquels plateaux chacun porte ſon cylindre, pour engréner dans ſa roue reſpective, ou piece mobile.

On a auſſi marqué en pointillé le bouton B qui eſt au bout de la branche en baſcule, ſur l'extrémité extérieure de l'axe C; lequel axe, par ſon extrémité intérieure, porte les pennetons D E, ce dernier, & le plus long, faiſant mouvoir le pêne ou verrou, lorſque le petit penneton D peut avoir la liberté du mouvement, & ſe porter en F, où l'on voit ſa forme en pointillé. Tellement que ces deux pennetons ne peuvent avoir de mouvement que quand le porte-obſtacle peut faire entrer ſon tenon ou ſa languette dans l'entaille ou rainure faite aux cinq roues. Ce porte-obſtacle porte horiſontalement, ſur ſon deſſus, une plaque qui avance avec lui, & lorſque cette plaque, ici indiquée par des hachures plus claires, ſort de dedans une entaille pratiquée dans l'extrémité de l'axe commun des cylindres ſous &; il s'enſuit qu'alors, par l'extérieur, on peut retirer cet axe d'une étendue ſuffiſante, &, avec lui, tous les cylindres, pour les déſengréner de dedans leurs roues; & c'eſt ainſi qu'on peut, ſi l'on veut, arranger une nouvelle combinaiſon.

Dans l'exécution de cette méchanique en bois, de la dimenſion ſeulement double de celle ici repréſentée, on a été obligé d'employer un morceau de fer pour former un pivot coudé afin de porter, à l'extrémité de ſon coude, l'axe du porte-obſtacle. Ce pivot tient à la planche ou plaque de fond, près de la lettre G, & l'extrémité, qui fait l'axe du porte-obſtacle, eſt au-deſſus du prolongement ou queue du pêne, pour conſerver à ce porte-obſtacle plus de longueur, afin que ſon mouvement approche d'avantage de la ligne droite.

On a exécuté le pêne avec une racine de buis, laquelle s'eſt trouvé porter naturellement ces deux différentes courbures, qui font placer la ſaillie, & juſtement dans le milieu de l'épaiſſeur de la boîte de ſerrure, & à fleur de ſa plaque, dans l'intérieur de la chambre.

Entre H & I, eſt repréſentée l'épaiſſeur d'une plaque de fer, dans laquelle paſſe le pêne attaché, par de petites oreilletes, à la plaque de fond, & qui ſe fixe ſur l'épaiſſeur du bois de la porte, quand on met la ſerrure en place.

La boîte de la ſerrure, qui eſt de bois de roſe veiné, recouvre auſſi cette plaque de fer. Cette boîte eſt attachée par trois vis en bois, L, à trois des coins; & au quatrieme, la vis eſt ſeulement feinte, l'extrémité de la queue du pêne, rempliſſant tout l'eſpace de ce coin: les deux M M, marquent la place des deux vis qui attachent la plaque, laquelle, par l'extérieur de la porte, renferme les cinq plateaux circulaires.

Cette même méchanique eſt auſſi exécutée entierement en bois commun, & le paſſant, qui tient le pêne contre ſa ſaillie, eſt auſſi de bois & très-ſolide; mais le tout eſt ſur une échelle quadruple de celle-ci, & les plateaux circulaires ſont en fer-blanc, ayant chacun une douille qui s'applique ſur les cylindres de bois.

Elle eſt encore exécutée en acier, dans la dimenſion ici vue; mais l'axe C, eſt deſcendu près du point P, & le grand penneton E, à proportion. Au lieu qu'ici ce grand penneton agit entre les deux tétiaux N de la queue du pêne; là, les deux tétiaux N ſe trouvent attachés au-dedans de la boîte, & le penneton, en agiſſant entre eux-deux, pouſſe cette boîte, qui elle-même devient le pêne, en gliſſant ſous deux paſſans attachés à la porte, comme à tous les verrous-targettes ordinaires. A cet effet, cette boîte eſt de quinze lignes plus longue d'un côté, & de huit environ de l'autre. Dans les quinze lignes, il y en a ſept ou huit qui ſont maſſives du côté de la ſaillie, comme de O juſqu'à L: de l'autre, les ſept ou huit lignes de plus de longueur, avec les quatre ou cinq d'eſpace, ici déſignées entre le pivot C & l'extrémité de la plaque de fond vers B, donnent un pouce de ſaillie à cette boîte-pêne, ſous l'un de ſes paſſans, ou dans une gâche au dormant; le petit reſſort, ici marqué R, étant autrement formé & placé à l'endroit ici marqué Q, dans la piece exécutée en acier.

PLANCHE CINQUIEME.

N.° XXI.

SERRURE en rond, à Balancier, s'ouvrant par la combinaiſon des couleurs ou émaux du Blaſon.

LA Fig. 1.re, repréſente le plan de cette ſerrure, ſur une échelle de moitié de la dimenſion ſur laquelle elle a été exécutée en bois. On ſuppoſe ici la boîte enlevée. L'objet qui frappe dans ce premier plan, eſt un très-long penneton, ou balancier élevé A B qui ſe meut ſur le pivot C. On voit, en D, la place d'un tétiau ou poinçon, qui eſt enfoncé dans le grand penneton, à raz par-deſſus, & qui le déborde en-deſſous, de deux à trois lignes. L'extrémité B, du long penneton, paſſe dans un verrou-targette, fait à biſeau, lequel eſt toujours tenu ſaillant, ſi la ſerrure eſt placée comme elle eſt ici repréſentée; ou bien le penneton lui-même, fera l'effet d'un loquet, ſi la ſerrure eſt placée de maniere que ce long penneton ſoit horiſontal.

Le plan, au-deſſous du premier, eſt celui d'un balancier circulaire, repréſenté par les hachures horiſontales, duquel balancier la circonférence entaillée, eſt ſupportée par les pieces mobiles. Ce balancier ſe meut autour d'une vis fraiſée qui lui ſert de pivot & qui eſt déſignée en pointillé, ſous la figure du premier plan, ainſi que le contour des branches de ce balancier circulaire, lequel, par l'effet du poinçon, ou tétiau D, (du grand balancier, ou penneton) & poinçon qui entre dans une de ſes branches, & reçoit un petit mouvement circulairement. Ce balancier circulaire porte au-deſſous de ſes branches, de droite à gauche, de chaque côté, un tétiau de deux à trois lignes de ſaillie, indiqué par les lettres E E. On n'a pas marqué ſur la gauche, le balancier circulaire, afin de laiſſer voir l'un des deux reſſorts, qui, attaché autour du pivot, eſt pouſſé de E, en G, lorſque le haut du long balancier élevé, peut aller de B, en H, par le mouvement donné à ſon autre extrémité de A, en I, quand la combinaiſon eſt établie. C'eſt le balancier circulaire qui eſt le porte-obſtacle; ſes tétiaux-obſtacles ſont indiqués près des lettres L, L, L.

C'eſt au troiſieme plan, que ſont repréſentées les pieces mobiles. On trouve dans leur partie extérieure, déſignée par des hachures perpendiculaires, l'entaille (en pointillé) dans laquelle doit entrer le tétiau-obſtacle; leur partie intérieure eſt offerte par des hachures obliques de gauche à droite: la coupe du canal creux, autour duquel leur partie extérieure a été fixée, eſt marquée en hachures obliques, de droite à gauche, & la coupe de l'axe commun ſaillant d'un bout à l'extérieur de la porte, & qui traverſe dans le canal creux, où il devient alors quarré, ſe diſtingue par des hachures plus noires, & un peu trop en petit. On voit qu'ici le balancier circulaire eſt repréſenté dans ſa poſition ordinaire, & que quand il eſt mû en allant de L, vers N, les obſtacles entrent dans les pieces mobiles, qu'alors une portion de la partie intérieure de chaque piece mobile, commence d'abord par ſe découvrir, & qu'enſuite c'eſt une portion oppoſée de cette même partie intérieure, qui vient à ſe couvrir; or, c'eſt dans le milieu, ou vers la fin de ce mouvement qu'il faut contenir le grand balancier élevé A, B, afin que l'on puiſſe opérer le déſengrénement des parties des pieces mobiles; ce qui ſe fait en élevant leur partie intérieure vers le deſſus de la boîte de la ſerrure, de toute l'épaiſſeur de ſes dents, au moyen de ce qu'on pouſſe par l'extérieur, la tête extérieure du pivot commun, ou bien également en attirant ſa tête intérieure par l'intérieur de l'appartement.

Dans la ſerrure en bois, d'après laquelle ce deſſin a été fait, au lieu d'établir des dents, ce qui eût été difficile en bois, dans la dimenſion exécutée, on y a formé un héxagone; & la partie extérieure étant auſſi entaillée en héxagone, dans un tiers de ſon épaiſſeur, le changement de poſition de ces côtés reſpectifs, peut également s'appeller un déſengrénement.

Le quatrieme plan eſt celui de la plaque de fond, déſignée par des hachures légeres de droite à gauche; on y trouve en K, K, la repréſentation de deux vis qui l'attachent à la porte. P, P, marquent deux écrous attachés à cette plaque de fond, pour recevoir deux vis qui ſervent à attacher la couverture ou boîte de la ſerrure ſur la plaque de fond.

On remarque près de M, M, le point d'attache des pieds des petits reſſorts compteurs, employés pour que l'on puiſſe ouvrir ſans y voir.

La plaque de fond eſt terminée à ſa circonférence, par une rainure pour recevoir le parois circulaire, qui forme l'épaiſſeur de la boîte, lequel parois peut tenir à la partie ſupérieure, ou en être détaché, & y entrer de même dans une rainure qu'elle porteroit.

La Fig. 2.me, ſur une dimenſion double de la premiere, eſt la coupe de la ſerrure, dans ſon épaiſſeur, priſe diagonalement à une des pieces mobiles, comme ſur la ligne N, L.

A, B, C, D, ſont l'axe commun. (A, B, marquent la coupe de la partie dont l'extrémité paroît à l'extérieur, & laquelle, pour déſengréner, eſt pouſſé contre le bois de la porte). B, C, déſignent la partie cylindrique qui aura plus ou moins de longueur, ſelon l'épaiſſeur du bois de la porte. C, D, montrent la partie de ce même axe, équarrie, ſur laquelle eſt placée la piece mobile; cette portion de l'axe commun doit être liée avec une piece ſaillante, à l'intérieur de la chambre, pour n'en faire que comme un seul axe : cette liaison & union peuvent se faire de plusieurs façons ; l'une, comme il est marqué sur la gauche. La partie intérieure de la piece mobile E, sera unie au canal, dont l'intérieur ou le dedans est quarré, & le dehors circulaire, aussi marqué E ; lequel canal montera jusqu'au-dehors de la boîte. Sur ce canal (cylindrique à son extérieur), entrera ce qui forme comme la partie de l'axe apparente au dehors de la boîte, partie qui restera attachée à la plaque du dessus de cette boîte ; ce canal, attaché à la boîte, dont la coupe est représentée sous les lettres F, porte à son extrémité intérieure, au-dedans de la boîte, un plateau circulaire, dont la coupe est vue en G, lequel plateau circulaire sera entaillé, à sa circonférence, d'autant de crans que la piece mobile pourra prendre de positions différentes, & au fond des crans de ce plateau circulaire, appuyera le petit ressort compteur, ici marqué H, & dont le pied est M, Fig. 1re.

Pour joindre le canal attaché à la plaque du dessus de la boîte, avec l'axe commun, & fixer leur union, la partie intérieure de cet axe, entre D, & K, Fig. 2, sera taraudée pour recevoir une vis, de laquelle la tête portera sur le canal de l'intérieur qui soutient la partie intérieure de la piece mobile, ainsi qu'elle appuyera aussi sur le canal attaché à la plaque du dessus de la boîte.

C'est au-dessous & perpendiculairement à l'oreillette ; que (dans cette partie passée dans le dessus de la boîte), il doit y avoir intérieurement une languette qui entre dans une rainure pratiquée à l'extérieur circulaire de cet autre canal, dont l'intérieur quarré entre sur la partie C D de l'axe commun, afin que les deux canaux circulaires E G, soient réunis en telle position, & ne glissent pas l'un sur l'autre.

Une autre façon d'unir la partie de l'axe, saillante à l'extérieur de la porte, avec celle intérieure, est représentée sur une très-grande échelle, Fig. 3. On y remarque l'extrémité de la portion équarrie de l'axe commun, marqué C D comme à la Fig. 2.me.

A, E, B, sont la coupe du canal placé dans la plaque du dessus de la boîte ; il n'est terminé qu'à la hauteur L, Fig. 2.me ; hauteur à laquelle sera alors terminé le canal qui porte la partie intérieure de la piece mobile E, Fig. 2.me, où le côté droit de cette partie est désigné par des hachures croisées, &, dans cette Fig. 2.me, il est marqué L.

La coupe, ici représentée, Fig. 3, est sur une ligne d'équerre, avec celle de la Fig. 2me, dans laquelle on voit les deux oreillettes qui servent à donner la facilité de faire tourner l'axe comme on le veut ; & l'on voit ici, en A, l'un des côtés de cette piece saillante au-dedans de la chambre, laquelle est amincie par son dedans, & où est attaché le petit ressort F, contre lequel appuye le talon H, opposite au bouton M d'une bascule, lequel bouton M étant poussé, se meut sur l'axe I de la bascule, & le talon H décrit alors une portion de cercle, marquée en pointillé, & pousse le ressort F à sa position marquée aussi en pointillé, tandis que l'autre extrémité de cette bascule N se retire de l'entaille pratiquée dans la partie C D de l'axe commun, au-dessous d'une autre N. L'épaisseur de cette bascule sera d'un peu plus que la moitié du diametre de la partie équarrie de l'axe commun.

Dans l'une & l'autre Fig. 2.me & 3.me, O montre la coupe de la plaque apparente du dessus de la boîte de la serrure.

Dans la piece exécutée en bois, il n'y a pas de compteur établi ; le canal équarri en-dedans, & circulaire au-dehors, porte, au lieu d'oreillettes, une tête plate de cheville, comme celles d'un violon, & il est fixé pour être arrêté avec la partie équarrie, au moyen d'une petite cheville qui les traverse au niveau & à fleur du dessus de la plaque supérieure de la serrure.

Dans la Fig. 4, est la représentation d'une partie de la plaque extérieure de la porte, qu'on appelle plaque d'entrée aux serrures ordinaires à clef ; elle est en forme de *lunule* : l'endroit des hachures horisontales légeres, indique ce qu'on voit de cette plaque. Le plan, sous la lettre A, est celui du petit bouton en chapeau, représenté en coupe par sa plus grande dimension, sous la même lettre A, Fig. 2.me.

B, C, D, E, F, G, sont les six côtés, argent ou blanc, sinople ou verd, gueule ou rouge, or ou jaune, sable ou noir, azur ou bleu. L'hexagone n'est formé que par des biseaux marqués en coupe, petit *b*, Fig. 2.me. Sous la lettre H, Fig 4, est la vue de la même partie extérieure apparente, où l'on suppose le petit bouton, en chapeau, enlevé.

Cette même Fig. 4, servira aussi à représenter le plan apparent de la boîte de serrure en-dedans de la chambre, &, entre I, K, se trouve la tête de cheville ou canal, tête avec oreillette, de même qu'il paroît en plan, telle qu'il est représenté en coupe, Fig. 2.

Sur le dehors de la boîte de serrure, en-dedans de la chambre, & près de la lettre K, est le petit bouton M, Fig. 3.me, lequel, étant poussé, fait que le levier sort de l'encoche qui joint cette partie à l'axe commun, en supposant ensuite cette plaque apparente enlevée. Sous la lettre L, sera représenté le plan du plateau circulaire à encoche, qui sert à compter les positions de la piece mobile. Près de la lettre M, on apperçoit une encoche un peu plus profonde, accompagnée de deux autres petites encoches, qui servent d'avertissement ; celle que l'on a établie plus profonde, est pour correspondre toujours à telle couleur qu'on aura choisie.

La tête du ressort compteur, qui doit être faite en marteau, & frapper dans le fond des encoches du plateau, & qui se trouve y frapper vis-à-vis de l'endroit marqué Q, est représentée en plan, sous la lettre P ; mais lorsque le marteau n'est point arrêté au fond de l'encoche, c'est-à-dire, lorsque la tête du marteau n'appuie pas contre la plaque circulaire & mouvante, ci-après décrite, on peut seulement mouvoir les pieces mobiles.

Dans la dimension des pieces mobiles, telles qu'elles seroient ici exécutées en métal, on ne pourroit leur donner plus de douze positions différentes, qui puissent être suffisamment sensibles au compteur, par le tact seul.

Considérant ensuite cette même Fig. 4, comme celle de la plaque à l'extérieur de la porte, N, N, représentent les têtes des vis qui s'attachent au bois.

N.a Que, pour la décoration, l'on peut placer deux têtes de pieces mobiles, l'une en haut, l'autre en bas, où ces pieces ne peuvent cependant s'établir, parce qu'il faut y laisser, sous la plaque extérieure, la place du jeu du balancier élevé, ou grand penneton, & il paroîtroit alors comme douze pieces mobiles également disposées, quoiqu'il n'y en eût que dix.

La Fig. 5, est la coupe d'un bord ou côté, à l'extrémité de la boîte de la serrure, pour faire voir comment il faut arrêter le jeu des pieces mobiles. On distingue, au-dessous de A, un bouton où l'on peut ajoûter un anneau; ce bouton est saillant en dehors, & passe dans une fente ou coulisse de la plaque, ou parois de côté, pliée circulairement: ce bouton est attaché & rivé avec une bande circulaire, qui frotte contre l'intérieur de cette plaque, ou parois circulaire. Lorsque ce cercle est baissé, & qu'il touche la plaque de fond, il laisse toute sa liberté au ressort compteur, que l'on apperçoit ici au-dessous de B, sans être dans une encoche; mais quand ce ressort est tombé dans une encoche, comme il est représenté par le pointillé, on peut alors faire monter le cercle intérieur, garni de petites avances C, contre chaque ressort, ce qui fixe invariablement chaque ressort au fond de l'encoche, & empêche la piece de tourner.

Tant que le mouvement des pieces mobiles est arrêté, la serrure ne fait que l'effet accoutumé d'un bouton de pêne à demi-tour, ou de celui d'un loquet ordinaire.

N.a C'est pour la facilité de monter & démonter la serrure, que l'on peut sur-tout employer les pieces, Fig. 3, avec les ressorts, pour se joindre à l'axe commun. Avec cette construction, après avoir ôté les deux vis marquées P, Fig. 1.re, il faut, de chaque main, ensemble, appuyer un doigt sur chacun des petits boutons, près de K, Fig. 4, ou de M, Fig. 3, & on enlevera toute la boîte de la serrure en même-tems, ou du moins toute la plaque de dessus, si l'on n'y a point arrêté à demeure la plaque ou parois circulaire de l'épaisseur de la boîte. L'on n'aura plus à soigner que les deux grandes vis marquées P, sans cela il y auroit dix autres vis ou goupilles à détacher & à soigner, ou du moins à desserrer & resserrer.

On voit que cette méchanique n'exige pas une boîte plus épaisse que de 7 à 8 lignes, & qu'elle est très-susceptible d'ornemens. La particularité de cet emploi du méchanisme de la troisieme espece, c'est qu'ici le pêne étant à son repos lorsqu'il est saillant, & ne pouvant rentrer que lorsque la combinaison est établie, il s'ensuit que lorsque quelqu'un seroit entré dans sa chambre, il faudroit qu'il y fut toujours enfermé, pour ne pas laisser à chacun la connoissance de la combinaison qu'il auroit choisie, ne pouvant laisser le jeu de son pêne sans fixer cette combinaison; & il faudroit donc, chaque fois qu'il sortiroit de sa chambre, établir une nouvelle combinaison. Un semblable inconvénient, ne seroit pas incommode, par exemple, pour enfermer une galerie, une bibliotheque où l'on ne va que rarement, & dans laquelle on ne veut laisser entrer personne sans y être; mais cet inconvénient, qui se trouve à cette serrure telle qu'elle a été exécutée, n'est pas dans le méchanisme même de son balancier circulaire, & l'on peut l'employer pour faire une serrure qui aura toutes les propriétés qu'on est en droit d'en exiger, comme on l'expliquera ci-après.

La Fig. 6.me, montre comment il faut employer le méchanisme du balancier circulaire, pour y établir un pêne dormant.

Les hachures horisontales indiquent le balancier, dont la circonférence entaillée est jointe à son pivot par trois bras seulement, afin de laisser, entre deux de ces bras, assez de course à une branche de la queue du pêne, qui sera recourbée pour être saillante, si l'on veut, en dehors de la porte, & porter un bouton coulant, ou bien être mis en mouvement par l'effet d'un penneton qui seroit établi à une pommelle qu'on aura placée dans le milieu de la plaque d'entrée à l'extérieur. Cette branche de la queue du pêne est ici figurée sous la lettre A: les hachures croisées marquent l'épaisseur de sa partie recourbée, & les petits traits A, D, désignent la forme du penneton, de la pommelle extérieure, ainsi que sa course A, Q.

Le pêne ici représenté par des hachures légeres, perpendiculaires, paroît tel qu'il est du côté de la plaque du dessus de la boîte, du côté de la chambre. On voit en C, le tétiau qui doit être saillant au travers de la plaque de dessus, pour porter le bouton à coulisse, ou du moins pour entrer dans le bouton à coulisse qui seroit établi sur la plaque de dessus de la boîte, si l'on ne veut pas aussi y établir une pommelle avec un penneton.

On observe comment la queue de ce pêne doit être façonnée dans la boîte, & porter trois coulisses; on trouve sur la gauche des deux B, le plan des petits tétiaux quarrés, saillants, & attachés au plateau circulaire; ils sont marqués par des hachures recroisées & plus noires. Au-dessus de D, est marqué de même un troisieme tétiau formé par la tête de l'axe du balancier; les hachures croisées, horisontales & perpendiculaires, représentent les trois coulisses qui glissent sur les trois tétiaux, par une ligne droite horisontale, & les retours E, marquent où se trouveront deux de ces trois tétiaux, lorsque le pêne étant poussé dans sa gache, l'extrémité de sa queue F, sera avancée au point G, & que le balancier circulaire aura repris sa position.

On remarque en M, deux tétiaux attachés à la plaque de fond, pour servir à entretenir la queue du pêne; la tête de ces tétiaux, (laquelle recouvrira la queue du pêne,) sera très-mince, afin de ne pas obliger à donner plus d'épaisseur à la boîte de la serrure, qui peut n'être que de 5 lignes & demie à 6 lignes, si l'on employe le bouton coulant. Le mouvement sera communiqué au balancier circulaire porte-obstacle, pour qu'il fasse entrer ses tétiaux-obstacles dans chaque

chaque piece mobile, en pouſſant le bouton H (qui y ſera attaché) à ſa repréſentation I, en pointillé. On voit que les quatre L repréſentent la coupe de la cloiſon circulaire de la boîte de la ſerrure.

Une pareille ſerrure ſeroit propre à être placée dans le milieu d'une traverſe d'aſſemblage d'une porte, ſur-tout à deux battans; la queue du pêne ſeroit courbée à l'endroit marqué N, pour couler tout contre le bois, & ſeulement de même épaiſſeur que dans la boîte, environ d'une ligne juſqu'au renflement, ici marqué O, où ſeroit la tête équarrie du pêne juſqu'à ſon extrémité P, gliſſant ſous le paſſant Q, pour aller entrer ſous le paſſant de l'autre battant, ou d'un chambranle.

La Fig. 7 eſt la coupe horiſontale d'une ſemblable ſerrure. Les lettres P, Q, O, N, M, repréſentent le pêne qui ſe meut par le bouton.

A, B, ſont la repréſentation de la ſaillie des oreilles F, Fig. 2.me.

PLANCHE CINQUIEME.

N.° XXII.

SERRURE sans aucune partie saillante au dehors, ni sans aucune ouverture, & explication de cette méchanique, employée à la fermeture d'une petite table nommé echiffonniere.

LA Fig. 8.me est la vue en perspective d'une petite table, appellée chiffonniere, assez en usage de nos jours, & dont on se sert pour renfermer une écritoire, des lettres, & même quelquefois des bijoux & des diamans. Les tiroirs pourront toujours, si l'on veut, se fermer à clef à l'ordinaire, pour le service habituel; mais on peut y établir une combinaison méchanique, afin qu'ils ne puissent pas s'ouvrir sans qu'elle soit retrouvée. On voit, en A, B, C, l'endroit indiqué, par des pointillés, où peut se placer, de chaque côté, une crémaillere, avec autant de dents qu'il y aura de tiroirs, laquelle fera entrer une de ses dents de l'un & l'autre côté de chaque tiroir, lorsqu'on voudra que la clef devienne inutile, pour tel ou tel tiroir, ou pour tous.

La Fig. 9.me est le plan (vu dans sa position perpendiculaire) de la crémaillere; la lettre A (placée un peu au-dessous, & à gauche de la lettre E) marque le pivot d'une bascule : B est une branche de cette bascule qui tient à la barre B, C, par une espece de charniere avec une goupille rivée des deux côtés; le bout C est attaché de même au petit levier qui tourne sur le pivot D. Lorsque l'on fait aller la branche de la bascule de E, en F, la barre C suit le mouvement opposé, & va au pointillé, & elle fait entrer ses tenons, dans les côtés des tiroirs, dont la coupe est figurée par des hachures de droite à gauche, presque horisontales. Les hachures claires, de gauche à droite, marquent l'un des deux montants entre lesquels se place la crémaillere. Les hachures noires, de gauche à droite, représentent la coupe du panneau d'un côté de la petite commode ou chiffonniere.

La dent de charniere G, L, est marquée avoir un pivot, ainsi qu'on peut en établir à chacune, afin qu'en la relevant en M (cette dent), on puisse ne pas fermer celui des tiroirs où les charnieres seront établies. Ces dents seront retenues dans la place qu'on voudra, avec le moindre petit ressort, comme la lame d'un couteau à charniere. N est la coupe de la tablette du dessus; O est celle de la tringle qui forme le rebord des trois côtés du dessus, ou tablette de la chiffonniere.

La Fig. 10 est le plan de la disposition, qu'on a choisi de donner à la méchanique placée horisontalement sous la tablette, pour faire jouer les bascules, quand la combinaison sera établie des cinq pieces mobiles A.

On voit, au-dessous de B, une marque circulaire représentant le bout de la bascule désigné à la gauche de E, Fig. 9, lequel bout doit être poussé au-dessous de C, Fig. 10, pour que les dents de crémaillere ou petits pênes G, G, G, Fig. 9, entrent dans les côtés des tiroirs.

On apperçoit, en D, un pivot sur lequel tourne une aiguille en forme de navette, laquelle portera, si l'on veut, à ses deux extrémités E, E, un petit rouleau. Les deux extrémités E de cette aiguille, ou navette, ou balancier, étant poussées l'une d'un sens, l'autre à l'opposite, poussent en avant, à leur tour, la coulisse dans laquelle est passé le petit rouleau ou tétiau E, que ce balancier porte à ses extrémités, qui décrivent une portion de la totalité du cercle marqué en pointillé, & font avancer la coulisse à l'endroit où est représenté son pointillé, & ensemble toute la branche G, H, laquelle porte à son extrémité, près de B, le quarré où est entré le bout E, de la bascule à crémaillere, Fig. 9. Ce mouvement de la navette pousse encore également la branche de l'autre côté, &, pour être plus assuré de l'égalité du mouvement, on établit la noix I, laquelle étant engrénée par l'une des branches, fait mouvoir cette noix, & celle-ci, l'autre branche, en sens opposé à la premiere : ces branches ne peuvent obéir au mouvement que lorsque la combinaison étant établie, les obstacles K peuvent entrer dans les pieces mobiles où ils sont poussés, par les renflements H, des branches qui agissent contre les porte-obstacles des tétiaux K; ces porte-obstacles glissent dans leurs coulisses, & sont renvoyés à leur place, par l'effet des ressorts, aussi-tôt que le renflement des branches a passé au-delà du talon du porte-obstacle.

On a tracé, un peu plus en noir, la Figure des bascules portées entre les petits montants L. Quand, par l'extérieur, on appuie sur un bout de ces bascules, on fait rapprocher leur autre extrémité à l'opposite, & contre le côté par où l'on appuye; ce qui occasionne le désengrénement des parties des pieces mobiles; mais ce désengrénement ne peut avoir lieu que lorsque, la combinaison ayant été établie, l'on s'arrête au milieu du mouvement, & que le bout des bascules se trouve entre deux des obstacles, dont l'un l'empêche d'obéir quand on a fermé, & l'autre, quand on a ouvert tout-à-fait. M, M, sont les obstacles quand les tiroirs sont ouverts, & N, N, lorsqu'ils sont fermés. O, O, sont les ressorts qui ramenent continuellement les obstacles.

La Fig. 11, *bis*, est la coupe sur la ligne P, Q, de la Figure précédente, représentée sur une plus grande échelle. A désigne le petit cercle sur lequel il faut appuyer pour faire baisser à la fois l'une & l'autre bascule B, B. Le pointillé indique où elles se trouvent quand elles sont baissées. Au-dessous de C est la branche qui porte sur ses côtés les obstacles au mouvement de la bascule, (que le Graveur auroit dû représenter y toucher). On trouve, sous D, la coupe des ressorts O, O, Fig. 10, & qui agissent pour ramener continuellement les porte-obstacles ou tétiaux, qui doivent entrer dans les pieces mobiles. Sous E, ou à côté, sont les montants qui soutiennent l'axe sur lequel joue la bascule; on apperçoit l'extrémité de cette bascule F, qui est portée en G, lorsque l'extrémité B, a pu baisser.

H, I, marquent où l'on suppose que la coupe retourne d'équerre sur la ligne Q, R, Fig. 10. Sous I, L, on voit de petits enfoncements dans les plateaux circulaires du dessus de la table, pour faciliter à les faire tourner; il faut remarquer, au-dessous des enfoncemens I, L, de petites élevations en forme de gouttes de suif, pour que le plateau extérieur tournant, ne frotte que sur ces endroits.

N, N, sont la coupe de la partie intérieure de la piece mobile. On distingue, à côté de O, O, la coupe de la partie extérieure de cette piece mobile, qui, lorsqu'elle tourne, frotte sur les palettes des bascules H. Les petits ressorts P empêchent que cette partie de la piece mobile ne puisse désengréner, dans le cas où l'on renverseroit la table. Au-dessus de Q est la coupe de la plaque de fond, sur laquelle la méchanique est montée. Les hachures obliques & claires de gauche à droite, représentent la coupe de la table ou tablette apparente du dessus de la chiffonniere.

La coupe, sur une ligne K, A, Fig. 10, est représentée en R, S. La lettre R est la partie intérieure de la piece mobile. La lettre S est sa partie extérieure représentée engrénée. On rencontre, près de T, le tétiau-obstacle (au bout de sa branche ici marquée V) lequel est poussé jusqu'au pointillé vers S, pendant qu'on ouvre ou qu'on ferme, ou qu'on change de combinaison.

La Figure 11 est le plan de la tablette ou dessus apparent de la table. A est une zone ou lunule roulante, sous laquelle sont attachées les extrémités de la bascule en navette, qui correspondent aux points C; & ce n'est que sous cette zone A, que la tablette de dessus est entamée & ouverte seulement de l'étendue de la course des deux tétiaux B B en C C, ou de C C en B B.

En B, les tiroirs sont ouverts; ils sont fermés en C.

Sous les C est la place des petits enfoncements, pour faciliter à donner le mouvement nécessaire à la zone.

D indique les plateaux correspondants aux pieces mobiles, auxquels on voit de même à chacun, deux petits enfoncements.

E E sont de petits cercles, (dont un est marqué en coupe, Fig. 11, sous la lettre A) lesquels, lorsque la moitié, au plus, du mouvement de la zone est fait, s'enfoncent quand on appuye dessus pour opérer le désengrénement, & changer de combinaison à sa volonté. Ces points d'appui servent à deux pieces, mais ceux F F, ne servent qu'à une seule piece; & comme leur bascule est plus courte, il faut appuyer plus fort, mais baisser un peu moins. Les hachures horisontales marquent toute la partie de la table ou tablette qui est fixe.

La Fig. 12, à côté de la précédente, est le plan sous la table ou tablette.

A A sont deux des quatre pieds de la commode ou chiffonniere. B est le panneau de côté. C est celui de derriere. D est le devant du tiroir.

E E sont le côté & le derriere du tiroir.

F F montrent la coulisse qui porte le tiroir.

G G sont les deux montants entre lesquels s'établit la crémaillere, de laquelle le montant n'est pas représenté, & qui seroit dans l'espace quarré qui est resté en blanc, & les traits croisés indiquent l'une des dents qui tient à son montant; le pointillé, auprès de H, désigne où ces dents se portent dans l'entaille faite au côté du tiroir, lorsqu'ils sont fermés avec la combinaison.

N.a Qu'il faut avoir soin d'attacher la tablette ou table de dessus, par son dessous, aux pieds de la commode ou chiffonniere, en ôtant, pour faire cet attachement, le premier tiroir, afin que ce dessus ne puisse pas se détacher ni s'enlever sans que l'on ait ouvert.

Au reste, cette forme de fermeture peut s'employer à toutes sortes de commodes & d'armoires à tiroirs, ainsi qu'à un coffre-fort, soit par ce méchanisme-ci, soit par un des précédents.

Il faut remarquer qu'il n'est jamais question, dans ces sortes de serrures, que de pouvoir mettre en mouvement le moindre petit tétiau, pour faire agir ensuite librement les plus gros verrous & des bascules, qu'aucune force ne pourroit faire mouvoir sans effraction. Tout l'art de la fermeture d'une porte, consiste donc à faire (par le dehors, lorsqu'on est sorti,) ce qu'on fait par en dedans quand on s'enferme, c'est-à-dire, à pousser un verrou, & à le retirer à volonté, à mettre un crochet ou l'ôter, enfoncer une cheville ou poinçon & le retirer, mais sans qu'aucun autre puisse en faire autant, soit par dedans, soit par dehors.

N.a On trouvera des serrures exécutées pour portes cocheres & portes d'appartements, d'après ce méchanisme, chez le sieur *Lattre*, Marchand Tablettier, maison du Singe verd, rue des Arcis, pour le prix de 18, 24, 30 & 36 liv. suivant le nombre des pieces mobiles & le fini du travail.

PLANCHE CINQUIEME.

N.° XXIII & dernier.

MÉCHANIQUE POUR SOULAGER LA MÉMOIRE.

J'AI dit, qu'*il eſt certain qu'on peut trouver à laiſſer des marques qui rappellent la combinaiſon établie*, mais tous les moyens qu'on peut employer, pour cela, ſont très-ſuperflus au méchaniſme de fermeture, en lui-même, & ne ſont qu'un ſecond méchaniſme & une augmentation de dépenſe. J'ai dit encore, qu'il faudroit, au moins, *que ces marques indicatives puſſent auſſi, être combinées entr'elles, à la volonté & au choix du Maître; qu'enfin il falloit pourtant finir par avoir un ſecret confié à ſa mémoire.* Dès-lors, le plus ſûr moyen de retrouver ſa combinaiſon, c'eſt d'écrire très-clairement ſon numéro, dans ſes tablettes, ſur ſa tabatiere, ſur la boîte de ſa montre, &c. mais il faut faire enſorte que cette écriture neſoit applicable, avec certitude, qu'au moyen de l'emploi d'un ſecret ſimple, aiſé à retenir, & qu'on puiſſe le changer à chaque fois, & d'autant de manieres qu'on aura de points de combinaiſons.

Je vais donner un exemple de cette recherche, qu'on peut appliquer, avec quelques variations, aux différentes eſpeces de méchaniques. Je ſuppoſe qu'on l'emploie à celui de la chiffonniere. Marquez les cinq plateaux extérieurs d'une eſpece d'étoile à quatre rayons, qui s'étendent juſqu'à leur circonférence; que, de ces rayons, deux ſoient preſque réunis; que les pointes, ou les extrémités des deux rayons réunis, ſoient éloignées l'une de l'autre du ſeizieme de la circonférence, de laquelle le ſurplus ſera partagé en trois parties où aboutiront les deux autres pointes, qui ſe trouveront diſtantes l'une de l'autre, de cinq ſeiziemes de cette circonférence.

Nommez vos quatre pointes, & déterminez leur nom par des lettres ou des figures; dans ces ſeize poſitions différentes, il ſe trouvera toujours une de ces quatre pointes, ſur l'un des quatre points cardinaux, que vous aurez marqués au-delà de votre plateau circulaire.

Sur cette diviſion, qui ne préſente cependant que quatre points viſibles, vous pouvez choiſir & déterminer exactement l'une des ſeize poſitions de chacune de vos pieces, en partant d'une d'entr'elles quelconque, à la compter pour l'unité.

Je ſuppoſe ici, pour la chiffonniere, les quatre pointes marquées chacune d'une fleur; des deux pointes réunies (placées en haut), celle à droite ſera une *grenade*, celle de la gauche une *jonquille*: la plus près de la *grenade* ſera une *violette*, l'autre ſera une *roſe*: ſuppoſez donc que vous vous êtes déterminé à compter, pour toutes vos pieces, l'unité au rayon de votre étoile correſpondante au Nord, & ce rayon pour votre indicateur de la poſition de vos pieces: ſuppoſez alors que, pour votre premiere piece, vous ayez choiſi d'établir la *roſe* au couchant; alors, ce ſera donc le point le plus près, à gauche, de la *jonquille*, qui ſera votre unité: & je ſuppoſe encore que vous comptiez 2 ſur la gauche. A la ſeconde piece, ayant établi la *violette* à l'*Eſt*, il ſe trouvera, alors, que c'eſt le nombre 14 qui eſt au *Nord*. Vous avez placé, à la troiſieme piece, la *grenade* à l'*Eſt*, cela vous donne le nombre 3 au Nord; vous mettez, à la quatrieme piece, 9 au *Nord*, en plaçant la *roſe* à l'*Eſt*: enfin, en mettant la *grenade* au *Nord*, cela vous y donnera le N.° 15; votre combinaiſon eſt donc, 1, 1 4, 3, 9, 1 5 un million, cent, quarante-trois mille, neuf cens, quinze, que vous écrivez dans vos tablettes, mais vous marquez un *point* ſous les chiffres qui ſont ſeuls, ou bien un petit *tiret*, ou des *virgules*, pour les partager en cinq. (*Voyez ci-deſſous à la note*) (*).

Vous ferez convenu encore, ſelon votre volonté, qu'en écrivant avant votre numéro, le nom d'une des pointes; ce ſera la déſigner à l'*Oueſt*; l'écrivant après le numéro, ce ſera à l'*Eſt*; l'écrivant au-deſſus, ce ſera *Nord*, & au-deſſous, ce ſera au *Sud*; alors, vous aurez, comme à la note (**); mais ſi vous laiſſez tomber, alors, votre papier, votre ſecret eſt aſſez facile à trouver, ſi vous avez écrit votre point de partence; car il ne reſte plus qu'à deviner ce que ſignifie votre unité ſous *Nord*, & le 2, ſur la gauche. Il ſeroit mieux de retenir dans la mémoire: *J'ai compté l'unité au point du* NORD, *à gauche de la* JONQUILLE, *& j'ai compté la ſuite à gauche.*

(*) 1 1 4 3 9 1 5.

(**) *Roſe.* 1.
14. *Violette.*
3. *Grenade.*
9. *Roſe.*
Grenade.
15.
1.° — NORD.
21. *Ce qui voudra dire*, 1.° il faut compter, pour chacune des cinq pieces, l'unité au point NORD. 2.° Lorſque ROSE, autrement dit, la premiere deſdites pieces mobiles, ici écrites, ſe trouve à L'OUEST; il faut que je compte pour toutes les cinq, mon 2, ſur la gauche de ce premier 1, &c.

A l'égard

A l'égard du moyen de laisser votre nombre par écrit sur votre porte, très-librement visible, par le dehors & sans qu'on le puisse deviner, il faut, pour cela, une méchanique qu'il soit impossible de déranger. En voici une qui me semble peu susceptible de difficultés. Ayez dans une boîte, autant de petites coulisses que de pieces mobiles; que chaque coulisse porte les 16 numéros, * & vous arrêterez ces coulisses de façon qu'à chacune, le numéro de sa piece se trouve apparent au travers d'une ouverture pratiquée à la boîte, de la grandeur d'une des cases des numéros, pour qu'il soit très-visible par le dehors du lieu renfermé: la mémoire ne sera plus chargée que de retenir la position de la pointe de l'étoile, d'après laquelle vous aurez compté UN, au *Nord*, ** ou bien cette unité, à partir de tout autre point que vous aurez voulu; enfin, selon sa position, que vous retiendrez, à l'un des quatre points cardinaux, elle vous indiquera celle sur laquelle, 1.° vous avez compté UN, à partir, par exemple, du point du *Nord*, & tourner sur la gauche ou à l'*Ouest*, comme ici en plaçant votre étoile à l'*Ouest*, mais vous pouvez aussi, 2.° avoir pris pour votre point de partance, pour l'unité, par exemple, l'*Est* au lieu du *Nord* pour cette même unité, & que toujours cependant le point *Nord* reste pour votre repere, alors, cette même précédente position des pieces, vous donneroit pour combinaison 5, 1 0, 1 5, 5, 6 ou cinq millions cent un mil cinq cent six, que vous auriez écrit, comme ci-devant note (**): 3.° cette même combinaison seroit encore très-différente, si, après avoir compté *un*, à un tel point, vous comptez *deux* à droite de ce point, au lieu de le compter à gauche; 4.° vous pouvez encore convenir, avec vous-même, laquelle de vos coulisses correspondra avec telle piece. Vous n'avez donc besoin que de charger votre mémoire, seulement, de trois objets, ou quatre au plus. 1.° Telle fleur pour repere; 2.° tel point pour l'unité; 3.° en comptant par la gauche; 4.° quelle coulisse répond à telle piece; mais donner, mais écrire, ou donner quelques indications de ces trois ou quatre objets, par des signaux, ce sera votre secret que vous indiquerez ou faciliterez beaucoup.

Il faut donc toujours en revenir à conserver dans sa mémoire, un secret le moins composé qu'il se pourra, ou se résoudre à laisser connoître à tous ceux qui auront le secret de vos indications, qu'elle est la combinaison que vous aurez établie. Il me paroît que les quatre seules choses à retenir, que je propose, soulageroient bien une mauvaise mémoire, au dépens des frais qu'il en coûteroit pour la mémoire ou *souvenir* méchanique, ou machine à *écrire son numéro*, de la Figure de laquelle voici l'explication. *Voyez* Fig. 13.me, Planche cinquieme.

Explication d'une Tablette indicative des combinaisons établies à la fermeture d'une Porte.

La Fig. 14 représente la face de la tablette qui paroît à l'extérieur de la porte, à laquelle elle est appliquée. On voit aux quatre coins, en A, la tête quarrée de quatre petits boulons qui attachent la plaque; ces boulons sont arrêtés à écrous par le côté intérieur. On apperçoit, au-dessous de B, les entailles faites dans la plaque, pour laisser, à chacune, paroître une des marques.

La ligne tracée C, D, montre l'alignement sur lequel il faut que les signes se trouvent. Les pointillés représentent la position où se trouve chaque bande ou coulisse, entre la plaque & la porte, relativement à celui des numéros qui est apparent, tel que ceux supposés ci-dessus.

La Fig. 15, est la coupe du bois de la porte, & de la tablette indicative sur la ligne E, F, Fig. 14.

A marque l'entaille B, Fig. 14, faite dans la plaque extérieure.

Dans cette même Fig. B, B, sont la coupe d'une des bandes ou coulisses, indiquées par des hachures horizontales. On a représenté au bout des lignes, où sont marqués des C, plusieurs petits tétiaux qui doivent être attachés à la plaque extérieure comme à celle intérieure, pour qu'elle ne puisse pas être enfoncée par quelque choc extérieur, &, par-là, se trouver appuyer contre le bois de la porte, ce qui arrêteroit le jeu des bandes ou des coulisses.

On voit, près de D, aux quatre coins, la figure de quatre poulies ou rouleaux pour chaque coulisse, sur lesquels passe un fil-de-laiton, ou une chaîne qui joint les bandes ou coulisses de l'extérieur, à la piece à-peu-près pareille, du côté de l'intérieur de la chambre, pour fixer leur position sous la plaque de l'extérieur.

E, F, sont des vis à tête quarrée F, ou boulon à écrou E.

H, H, sont la plaque du côté de l'intérieur, laquelle peut être semblable à celle extérieure, si l'on fait tant que d'en établir une dans cet intérieur.

La Fig. 16, est la vue de la bande ou coulisse qui glisse entre la plaque & la porte. On pourroit, en employant une semblable bande, par le côté intérieur, avoir un petit trou à côté

(*) Ou des lettres & au nombre de vingt-quatre, ou tout autre nombre établi.

(**) Ou A & ensuite B à gauche ou à droite.

de chaque numéro, pour y enfoncer une cheville, & fixer ainſi la poſition de la couliſſe extérieure; cette plaque intérieure devroit, alors, être numérotée en ſens contraire de celle de l'extérieur de la chambre.

Au lieu d'une ſemblable bande ou couliſſe, on peut n'employer, en dedans, qu'un bouton coulant dans une fente repréſentée Fig. 15, à hauteur du D, Fig. 14; &, alors, ce bouton coulant, une fois arrêté, en dedans de la chambre, au-deſſus d'une ligne de la graduation marquée de cinq en cinq (dans le même ſens ou ordre que les numéros de la bande ou couliſſe de l'extérieur), indiqueroit, pour cette fois, le numéro qui ſeroit apparent au dehors. Cette graduation eſt marquée ſur la droite de la Fig. 16.

On trouve, Fig. 16, en A, une eſpece de petit paſſant, qui contient le fil-de-laiton dans ſa poſition, ſoit ſur un rouleau, ſoit dans la petite poulie déſignée en B.

Il eſt ſans doute poſſible d'imaginer d'autres formes indicatives de la combinaiſon établie; mais il n'y a pas moyen de tout dire, ou tout écrire, ſans faire connoître ſon ſecret; il faut toujours avoir à faire quelqu'emploi de ſa mémoire, pour l'uſage de ces moyens de fermetures, ou ſe réſoudre, donc, à n'uſer de la combinaiſon méchanique, que par amuſement ou par ſuperfluité.

FIN.

APPROBATION.

J'ai lu par l'ordre de Monſeigneur le Garde des Sceaux, un Manuſcrit intitulé: *Supplément à l'Art du Serrurier, ou Eſſai ſur les Combinaiſons méchaniques, employées particulierement pour produire l'effet des meilleures ſerrures, &c.* & je n'y ai rien trouvé qui dût en empêcher l'impreſſion. Je le crois même très-propre à exciter l'émulation parmi les Ouvriers en ce genre. A Verſailles, ce 10 Mai, 1780. *Signé* MONTUCLA, Cenſeur Royal.

PERMISSION DU ROI.

LOUIS, PAR LA GRACE DE DIEU, ROI DE FRANCE ET DE NAVARRE; A nos amés & féaux Conſeillers les Gens tenans nos Cours de Parlement, Maîtres des Requêtes ordinaires de notre Hôtel, Grand-Conſeil, Prévôt de Paris, Baillifs, Sénéchaux, leurs Lieutenans-Civils, & autres nos Juſticiers qu'il appartiendra: SALUT. Notre amé le Sieur F...., Nous a fait expoſer qu'il déſireroit faire imprimer & donner au Public, un Ouvrage de ſa compoſition, intitulé: *Eſſai ſur les Combinaiſons méchaniques, employées particulierement pour produire l'effet des meilleures Serrures*, s'il Nous plaiſoit lui accorder nos Lettres de Permiſſion pour ce néceſſaires. A CES CAUSES, voulant favorablement traiter l'Expoſant, Nous lui avons permis & permettons par ces Préſentes, de faire imprimer ledit Ouvrage autant de fois que bon lui ſemblera, & de le faire vendre & débiter par-tout notre Royaume, pendant le tems de cinq années conſécutives, à compter du jour de la date des Préſentes. FAISONS défenſes à tous Imprimeurs, Libraires, & autres perſonnes, de quelque qualité & condition qu'elles ſoient, d'en introduire d'impreſſion étrangere dans aucun lieu de notre obéiſſance. A LA CHARGE que ces Préſentes ſeront enregiſtrées tout au long ſur le Regiſtre de la Communauté des Imprimeurs & Libraires de Paris, dans trois mois de la date d'icelles; que l'impreſſion dudit Ouvrage ſera faite dans notre Royaume & non ailleurs, en bon papier & beaux caracteres; que l'Impétrant ſe conformera en tout aux Réglemens de la Librairie, & notamment à celui du 10 Avril 1725, & à l'Arrêt de notre Conſeil du 30 Août 1777, à peine de déchéance de la préſente Permiſſion; qu'avant de l'expoſer en vente, le manuſcrit qui aura ſervi de copie à l'impreſſion dudit Ouvrage, ſera remis dans le même état où l'Approbation y aura été donnée, ès-mains de notre très-cher & féal Chevalier, Garde des Sceaux de France, le Sieur Hue de Miroménil, Commandeur de nos Ordres; qu'il en ſera enſuite remis deux Exemplaires dans notre Bibliothéque publique, un dans celle de notre Château du Louvre, un dans celle de notre très-cher & féal Chevalier Chancelier de France, le Sieur de Maupeou, un dans celle dudit Sieur Hue de Miroménil; le tout à peine de nullité des Préſentes; DU CONTENU deſquelles vous MANDONS & enjoignons de faire jouir ledit Expoſant & ſes ayans-cauſes, pleinement & paiſiblement, ſans ſouffrir qu'il leur ſoit fait aucun trouble ou empêchement. VOULONS qu'à la copie des Préſentes, qui ſera imprimée tout au long au commencement ou à la fin dudit ouvrage, foi ſoit ajoutée comme à l'original. COMMANDONS au premier notre Huiſſier ou Sergent ſur ce requis, de faire pour l'exécution d'icelles, tous Actes requis & néceſſaires, ſans demander autre permiſſion, & nonobſtant clameur de Haro, Charte Normande, & Lettres à ce contraires. Car tel eſt notre plaiſir. DONNÉ à Paris, le onzieme jour du mois d'Avril, l'an de grace mil ſept cent quatre-vingt-un, & de notre Regne le ſeptieme. Par le Roi en ſon Conſeil.

Signé LE BEGUE.

Regiſtré ſur le Regiſtre XXI. de la Chambre Royale & Syndicale des Libraires & Imprimeurs de Paris, N.° 2336, fol. 489, conformément aux diſpoſitions énoncées dans la préſente Permiſſion, & à la charge de remettre à ladite Chambre, les huit Exemplaires preſcrits par l'art. CVIII, du Réglement de 1723. A Paris, ce premier Mai 1781.

Signé LE CLERC, *Syndic.*

De l'Imprimerie de GRANGE, rue de la Parcheminerie.

FAUTES, parmi lesquelles il en est d'essentielles à corriger avant lecture.

PAGE 4, *lig.* 39, ce Juin, *lisez* de Juin.
— 6, —10, représenter, *lisez* présenter.
— 9, —1, entrailles, *lisez* entailles.
— *id.* —2, trou, *lisez* tétiau.
— 14, —57, Fig. 3, *lisez* Fig. 30.
— *id.* —56, la partie, *lisez* sa partie.
— *id.* —57, anneau, *lisez* l'anneau, *& ne fermez la parenthese qu'après le mot* étoile.
— 21, —65, ouvrir à, *lisez* à ouvrir.
— 22, —21, bouton A, *ajoutez* Fig. 9.
— *id.* —25, Fig. 12 en R, *lisez* Fig. 9 bis. D est le.
— *id.* —39, ses trois parties, *ajoutez* Fig. 10.
— 23, —49 & 58, D, *mettez un petit* d *au lieu du grand.*
— 26, —36, Fig. 21, *ajoutez* mais un peu plus épais & plus large.
— *id.* —46, ces côtés, *lisez* ces côtes ou côtés extérieurs.
— 27, —50, d'un petit pêne, *ajoutez* à biseau.
— 31, —16, par le canal, *ajoutez* perpendiculaire à la plaque de fond.
— 39, —34, le pieces, *lisez* les.
— *id.* —50 & 51, supposées, *lisez* supportées.
— 40, —31, au-dessous du tétiau O, O, de la piece d'obstacle, *lisez* au-dessous des O, O, qui sont les obstacles.
— 42, —5, recouverte, *lisez* recouvert.
— 43, —46, autour duquel est placée, *lisez* autour duquel passe une virole portant une dent, &c.
— 45, —53, lequel, *lisez* laquelle traverse doit s'abaisser, &c.
— 48, —31, qui a, *lisez* on a tracé.
— *id.* —33, comment, *lisez* on voit comment.
— *id.* —56, dessous l'entrée, *lisez* au-dessous de l'entrée.
— 50, —26, dessous de I, *lisez* marqué au-dessous de *i.*
— 56, —18, *éffacez* & *avant le mot* reçoit.
— *id.* —28, leur partie extérieure, *lisez* cette partie intérieure.
— 57, —59, *mettez un point après le mot* commun, *ôtez le point après le mot* enlevée, *& ajoutez le mot* être *après le mot* apparente.

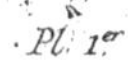

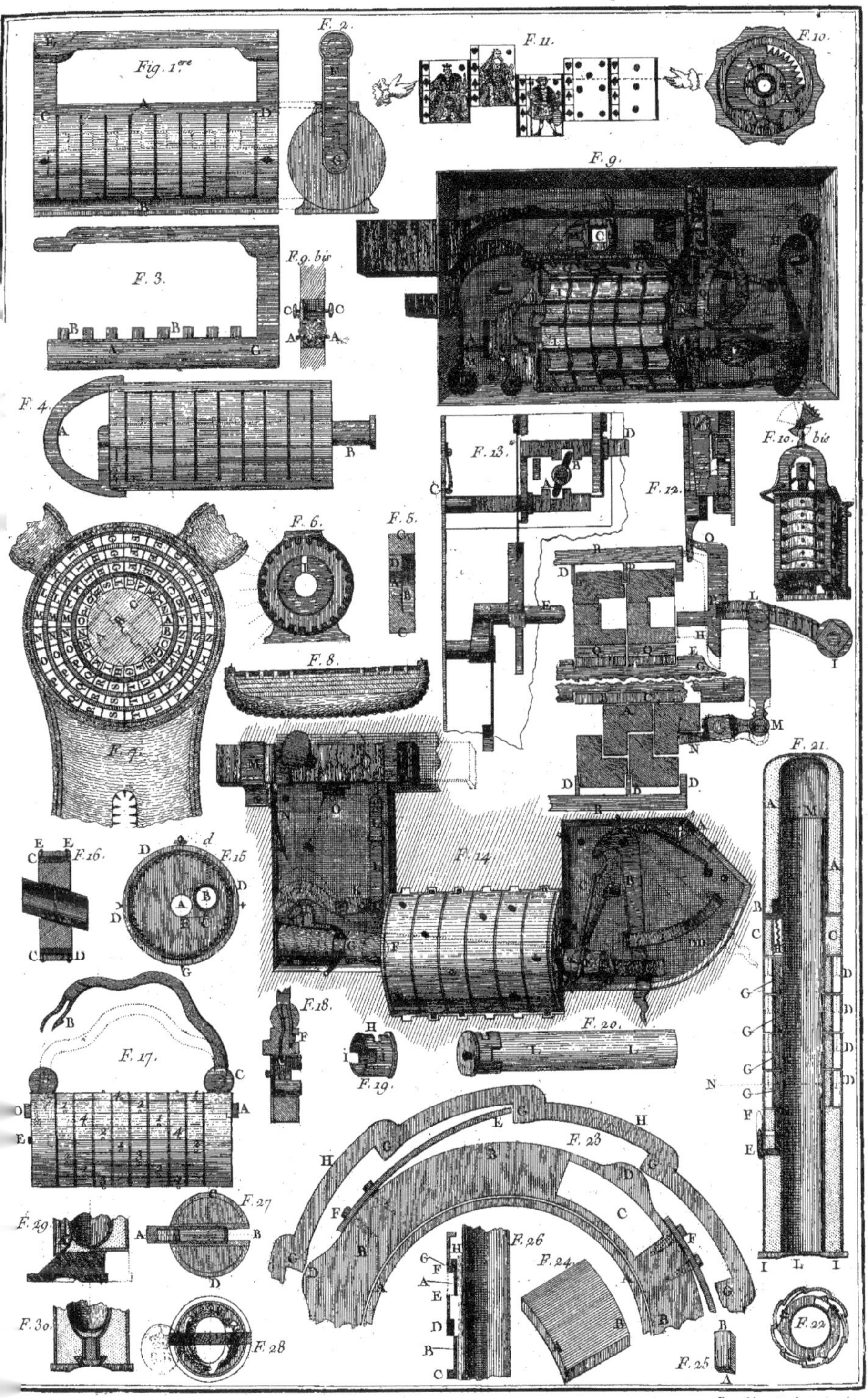

Bordier Del. et Sculp.

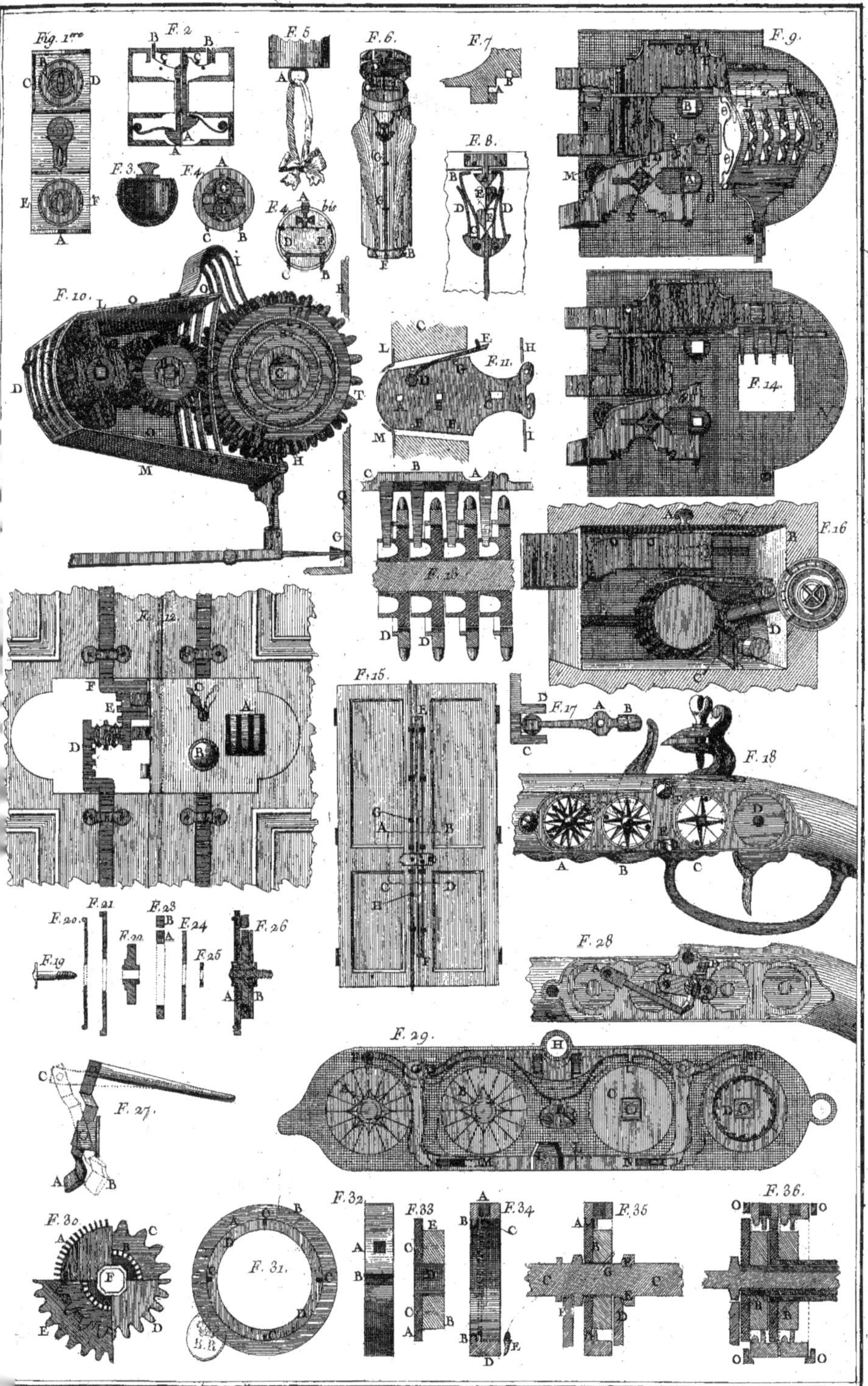

Bordier Del. et Sculp.

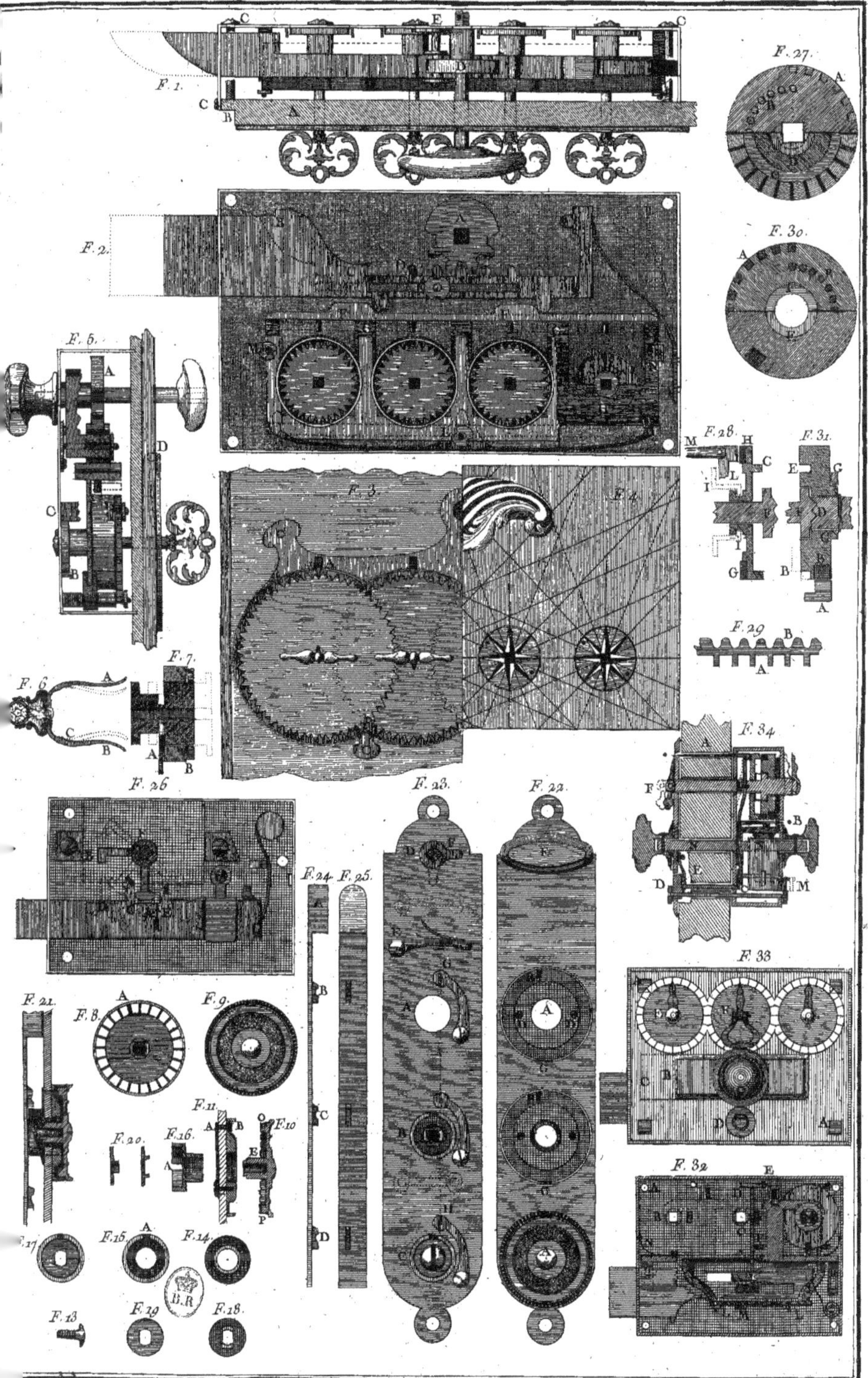

Bordier del. et Sculp.

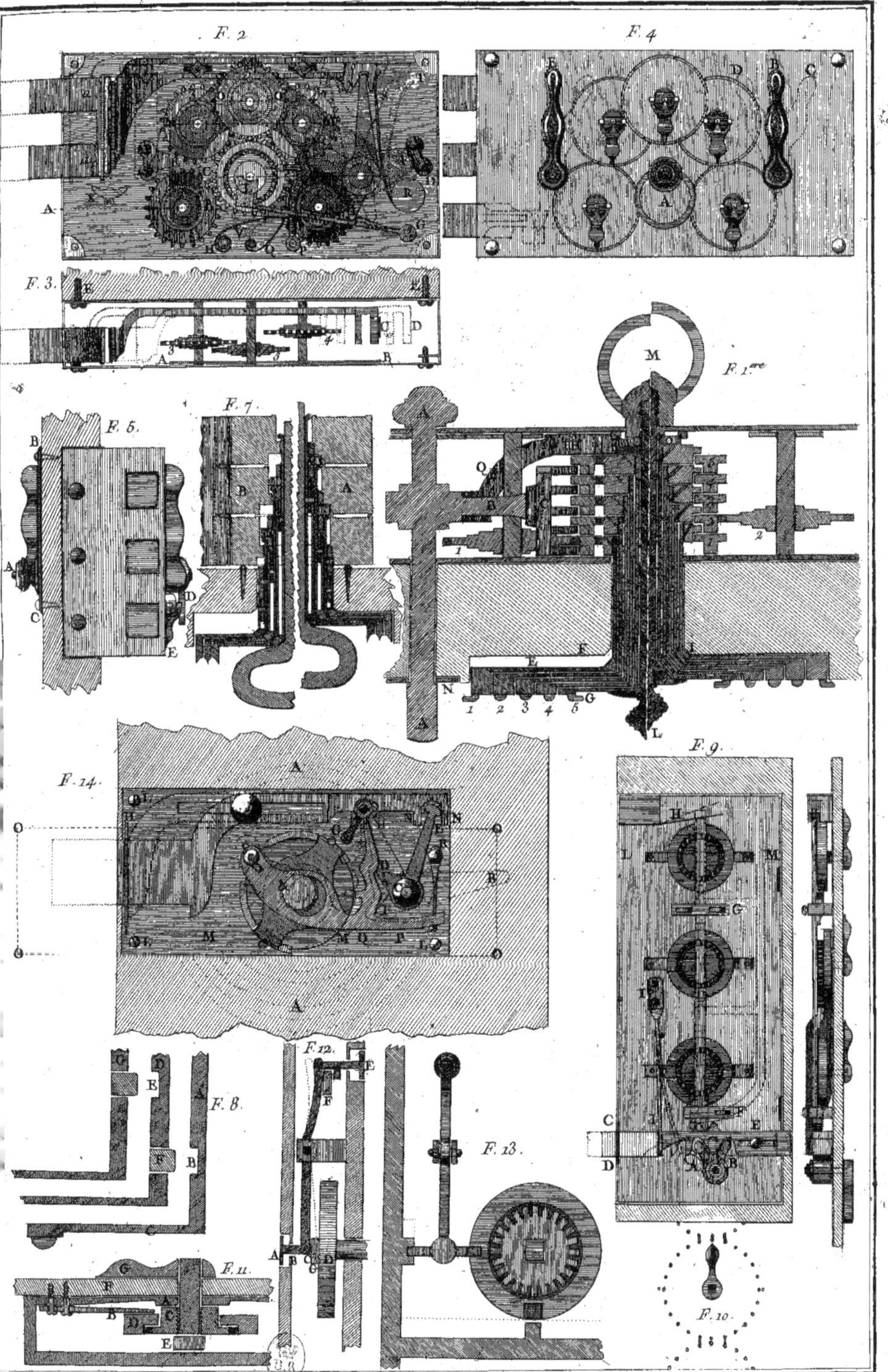

Bordier Del. et Sculp.

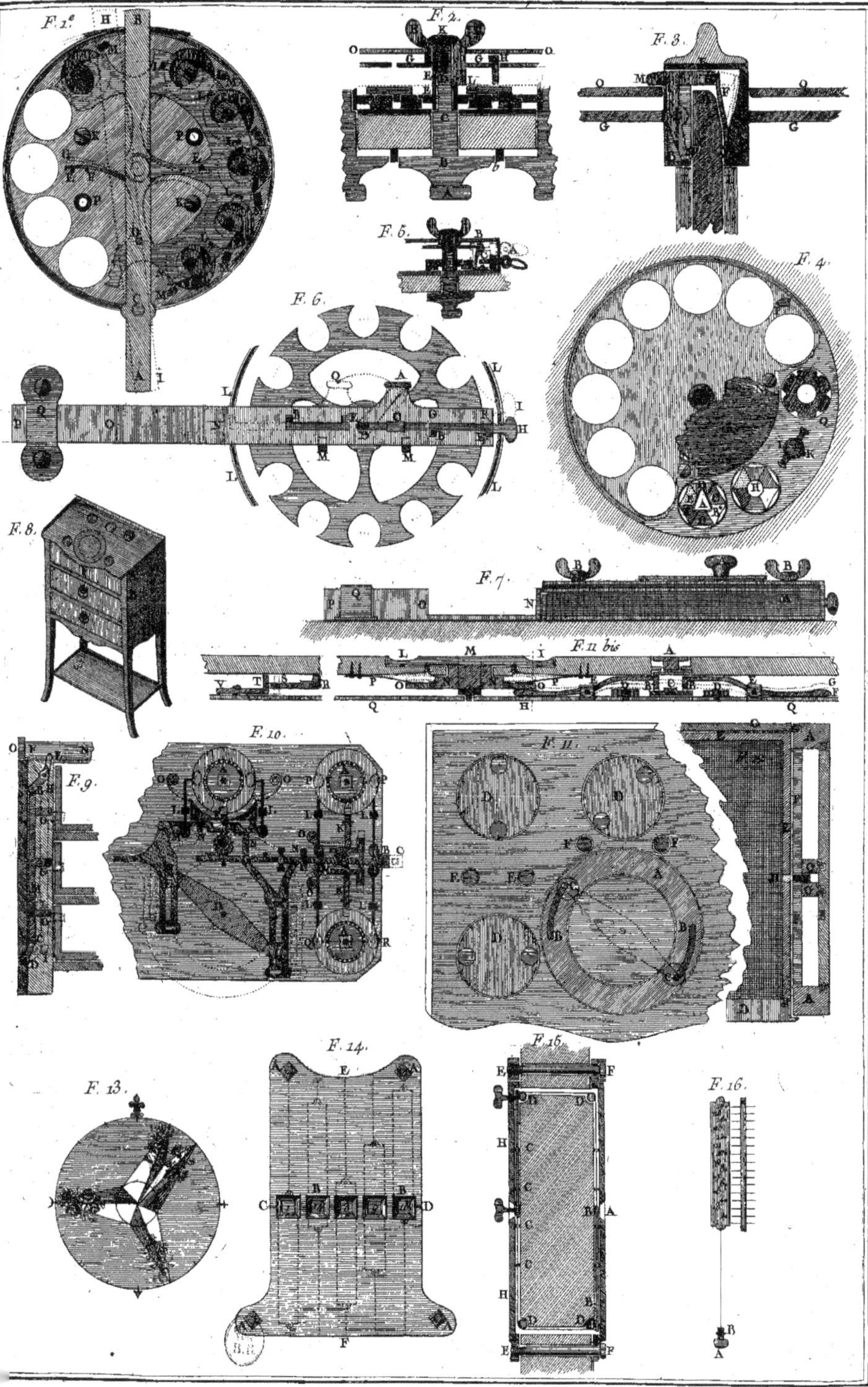

Bordier Del. et Sculp.

www.ingramcontent.com/pod-product-compliance
Ingram Content Group UK Ltd.
Pitfield, Milton Keynes, MK11 3LW, UK
UKHW021007200726
13857UKWH00004B/1323

9 782013 05758